黑龙江省高等教育综合改革试点专项项目（GJZ201301102）

地方本科院校转型发展
瓶颈问题及对策的研究

徐　权　王玉玲　成宝芝　著

HEUP 哈尔滨工程大学出版社

内 容 简 介

本书通过对我国产业结构的发展变化的研究,揭示了地方本科院校毕业生面临就业难而企业却同时存在用工荒这种怪现象的根本原因,并根据国家高等教育发展战略阐明了地方本科院校的出路,通过调研和分析找出了地方本科院校影响转型发展的瓶颈问题,并找出了问题存在的根源,指出了地方本科院校向应用型转型的途径。

本书系统地论述了地方本科院校在转型发展中存在的瓶颈问题及成因,并通过实践案例给出了解决这些问题的途径和方法,对地方本科院校转型发展具有很强的指导意义。

本书可用作地方本科院校转型发展的参考书籍。

图书在版编目(CIP)数据

地方本科院校转型发展瓶颈问题及对策的研究/徐权,王玉玲,成宝芝著. —哈尔滨:哈尔滨工程大学出版社,2017.4

ISBN 978 - 7 - 5661 - 1511 - 9

Ⅰ.①地…　Ⅱ.①徐…②王…③成…　Ⅲ.①地方高校 - 教育改革 - 研究 - 中国　Ⅳ.①G649.21

中国版本图书馆 CIP 数据核字(2017)第 099701 号

选题策划	吴振雷	
责任编辑	张忠远	付梦婷
封面设计	博鑫设计	

出版发行	哈尔滨工程大学出版社
社　　址	哈尔滨市南岗区东大直街 124 号
邮政编码	150001
发行电话	0451 - 82519328
传　　真	0451 - 82519699
经　　销	新华书店
印　　刷	北京中石油彩色印刷有限责任公司
开　　本	787 mm × 960 mm　1/16
印　　张	11
字　　数	240 千字
版　　次	2017 年 4 月第 1 版
印　　次	2017 年 4 月第 1 次印刷
定　　价	39.80 元

http://www.hrbeupress.com

E-mail:heupress@ hrbeu.edu.cn

前　　言

本书是黑龙江省高等教育综合改革试点专项项目成果。从三个方面论述地方本科院校现存的问题、问题的成因以及解决问题的途径与对策。第一章通过我国产业结构的发展变化，揭示了地方本科院校毕业生面临的就业难和企业存在用工荒这种怪现象的根本原因，并根据国家高等教育发展战略阐明了地方本科院校的出路就是向应用型大学转型。第二章通过调研和分析找出了地方本科院校影响转型发展的瓶颈问题，并找出了问题存在的根源，指出了通过校企合作走产学研一体化办学是实践地方本科院校向应用型转型的有效途径。第三章则首先详细地论述了构建什么样的育人体系才能实现更加符合人才成长规律的人才培养，即构建一体化育人体系；其次论证了校企合作产学研一体化育人体系是实现应用型人才培养的有效途径；并通过案例指明实现产学研一体化办学的途径。接下来，本书通过实例论证了理论实践一体化教学模式对应用型人才培养的作用，并论述以课程为纽带地方本科院校实现学科、专业、课程一体化体系构建的方法。最后，本书论述了如何培养建设双师双能型教师队伍。

在本书成书过程中，刘永皓、成宝芝、王玉玲、董云峰、刘开绪、高玉芝、冯瑞姝、吴春梅、任艳东、何巍巍、曹丰慧、郝淑娟、李欣欣等老师做了大量的工作，同时得到哈尔滨工程大学出版社的大力支持，在此一并感谢。

本书通过项目组成员的研究和大量的实践，系统地论述了地方本科院校在转型发展中存在的瓶颈问题及成因，并通过实践案例给出了解决这些问题的途径和方法，对地方本科院校转型发展具有很强的指导意义。本书还存在许多不完善之处，希望读者给予批评指正。

著　者

2017 年 3 月

目　　录

第一章　新时期地方本科院校
面临的挑战和机遇

第一节　产业结构调整对地方本科
院校提出新的挑战

所谓地方本科院校就是指隶属于各省、自治区、直辖市,以地方财政投资为主,承担着为地方(行业)培养人才、提供服务的普通本科院校。据教育部统计,截至2015年全国高等学校共计2 845所,其中普通高等学校2 553所(其中本科院校1 218所,含民办409所、中外合作办学7所),成人高等学校292所。其中"985""211"院校112所。从统计数据看,目前我国有1 106所非"211"地方本科院校,这里包括本科办学历史较长的地方本科院校(如哈尔滨师范大学、黑龙江大学)、部委或行业转制地方管理的本科院校[如哈尔滨理工大学(原哈尔滨电工学院)、东北石油大学(原大庆石油学院)]、新建的本科院校(1999年以来,新设本科院校共计647所,占全国普通本科53.1%,占非"211"普通本科58.5%)。从目前我国高等教育的现状看,大学生就业难和行业企业用工荒现象折射出我国高等院校办学与产业结构需求之间矛盾已经成为国家产业结构调整的严重障碍。资料显示,地方本科院校这方面尤为突出,位于三类高校中最低,从就业关键要素来看,就业率低,专业对口率低,就业质量低,即出现"三低"现状,使地方本院校办学定位、专业设置和人才培养等方面存在的问题更加凸显。

据麦可思发布的《就业蓝皮书》的数据显示,近三届大学毕业生半年后就业率呈现稳定趋势,略有提升。2014届大学生毕业半年后的就业率(92.1%)比2013届(91.4%)略有上升,比2012届(90.9%)上升1.2个百分点。其中,本科院校2014届毕业生半年后的就业率为92.6%,比2013届、2012届(分别为91.8%、91.5%)均有所上升(分别上升0.8,1.1个百分点);高职高专院校2014届毕业生半年后的就业率为91.5%,比2013届(90.9%)略有上升,比2012届(90.4%)上升1.1个百分点。

值得注意的是,2014届大学毕业生"受雇全职工作"的比例(79.2%)与2013届、2012届(分别为80.6%,81.3%)相比有所下降。2014届大学毕业生总体就业情况能保持稳定,主要是因为自主创业的毕业生比例从2013届的2.3%上升到了2.9%;同时本科毕业生读研比例从2013届的10.8%上升到11.7%,高职高专读本的比例从2013届的3.8%上升到4.2%。上述数据显示,从2012至2014年签约就业率逐年降低,这与我国产业结构变化是分不开的。

我国的产业分类标准按国家统计局1985年对三次产业的划分作了专门的规定,表1-1所示就是我国的产业分类,表1-2则为我国各产业占国内生产总值的比重。

表1-1 我国产业结构分类

产业类别	产业	内容
第一产业	农业	包括林业、牧业、渔业等
第二产业	工业、建筑业	包括采掘业、制造业、自来水、电力、蒸汽、热水、煤气业等
第三产业	流通部门	包括交通运输业、油田通信业、商业、餐饮业、物资供销和仓储业
	为生产和生活服务部门	包括金融业、保险业、地质普查业、房地产业、公用事业、居民服务业、旅游业、咨询信息服务业和各类技术服务业
	提高科学文化水平和居民素质服务的部门	包括教育、文化、广播电视事业,科学研究事业,卫生、体育和社会福利事业等
	为社会公共需要服务的部门	包括国家机关、政党机关、社会团体,以及军队和警察部门等

表1-2 中国1980—2014年一、二、三次产业占国内生产总值的比重(数据来源国家统计局)

年份	三大产业比重		
	第一产业	第二产业	第三产业
1980	30.17%	48.22%	21.60%
1981	31.88%	46.11%	22.01%
1982	33.39%	44.77%	21.85%
1983	33.18%	44.38%	22.44%

表 1 - 2(续)

年份	三大产业比重		
	第一产业	第二产业	第三产业
1984	32.13%	43.09%	24.78%
1985	28.44%	42.89%	28.67%
1986	27.14%	43.72%	29.14%
1987	26.81%	43.55%	29.64%
1988	25.70%	43.79%	30.51%
1989	25.11%	42.83%	32.06%
1990	27.12%	41.34%	31.54%
1991	24.53%	41.79%	33.69%
1992	21.79%	43.45%	34.76%
1993	19.71%	46.57%	33.72%
1994	19.86%	46.57%	33.57%
1995	19.96%	47.18%	32.86%
1996	19.69%	47.54%	32.77%
1997	18.29%	47.54%	34.17%
1998	17.56%	46.21%	36.23%
1999	16.47%	45.76%	37.77%
2000	15.06%	45.92%	39.02%
2001	14.39%	45.15%	40.46%
2002	13.74%	44.79%	41.47%
2003	12.80%	45.97%	41.23%
2004	13.39%	46.23%	40.38%
2005	12.12%	47.37%	40.51%
2006	11.11%	47.95%	40.94%
2007	10.77%	47.34%	41.89%
2008	10.73%	47.45%	41.82%
2009	10.33%	46.24%	43.43%
2010	10.10%	46.67%	43.24%

表 1 – 2(续)

年份	三大产业比重		
	第一产业	第二产业	第三产业
2011	10.12%	46.78%	43.10%
2012	10.09%	45.31%	44.60%
2013	10.00%	43.90%	46.10%
2014	9.20%	42.60%	48.20%

通过表 1 – 2 我们可以看出我国的产业结构变化规律。目前,我国产业结构正由以第二产业为主导的第二阶段逐步向以第三产业为主导的第三阶段过渡。2013 年,第三产业比重首次超过第二产业,2014 年呈现继续增长趋势,这说明我国正在缩短与发达国家的距离。为了尽快赶上发达国家,党的十八大报告指出,"首先要优化产业结构。产业结构优化是经济结构战略性调整的核心。要加快产业结构优化,实现三大产业之间及其内部关系协调和升级。要继续加强第一产业,巩固第一产业的基础地位,提升第二产业,增强第二产业的核心竞争力,大力发展第三产业,让第三产业在国民经济中发挥更大作用。三大产业的产值和劳动力比例由目前的'二、三、一'结构调整为'三、二、一'结构。"新的产业结构对就业市场势必产生重大影响。2012—2014 年间,第三产业逐渐攀升,签约就业率逐年降低。这说明现在的高校布局结构已经不再适应我国产业结构变革需求。本课题组的调查数据显示,第三产业将是高校毕业生主要的就业市场。而我国大部分高校的专业设置仍然沿用传统的计划经济时代的原则。特别是高等教育大众化以来,新增了大量的地方本科院校,这些院校大都效仿老牌本科大学进行定位和专业设置。而原有的专业设置是针对以工业和建筑业为主导的第二阶段人才需求而设置的,这样就造成了现阶段"用工荒"和"就业难"的怪圈。为了适应国家产业结构的调整以及解决"用工荒"和"就业难"的问题,势必对我国高等教育布局进行重新调整,以解决高校布局与产业结构发展不相适应的矛盾。

一方面,针对以第三产业为主导的第三阶段的到来,高校毕业生就业市场也将从以第二产业为主转向以第三产业为主。而第三产业的特点主要体现在区域性、多样性以及发展迅速等方面。另一方面,我国高校自中华人民共和国成立以来一直在国家的计划体制下从事人才培养和科学研究,即使是改革开放以后,也一直在市场与政府的双重主导下探索发展的道路。但由于国家对高等教育办学资源仍占据主导地位,市场的作用效果较小,所以高等学校之间的竞争呈现向同一目标追求的趋势。这样趋同的高等教育很难适应我国产业结构协调发展的需求。所以,我国产业结构的变革对我国高等教育布局提出了新的需求。同时,这也对地方本科院校提出了新的挑战。

第二节　国家高等教育发展战略为地方本科院校提供了发展的新机遇

我国高等教育结构与产业结构发展需求之间的矛盾已经严重阻碍了我国产业结构调整和发展,高等教育布局结构调整已经是迫在眉睫。于是自党的十八大以来,本着鼓励市场竞争,注重高等教育多元化发展的目的,国家增大了高校自主权,即只有"985""211"院校由国家投资,并按照国家重点发展领域进行布局,其余地方本科院校、高职院校和民办院校都进入市场,按照区域产业发展需求进行定位设置专业,从事人才培养和科学研究。从国家高等教育发展战略来看,"985"院校主要任务是以国家和行业发展急需的重点领域和重大需求为导向,围绕国家发展战略和学科前沿,重点建设一批优势学科创新平台。其主要面向顶尖高水平行业特色型大学,建设世界一流、特色鲜明的行业特色型大学。"211"院校主要任务是以人才、学科、科研三位一体创新能力提升为核心任务,通过构建面向科学前沿、文化传承创新、行业产业以及区域发展重大需求的4类协同创新模式,深化高校机制体制改革,转变高校创新方式,旨在突破高校内外部机制体制壁垒。同时为振兴中西部高等教育,促进我国高等教育协调发展,并切实提升中西部高校办学能力,提高人才培养质量,使中西部一批本科高校的实力得到较大提升,计划重点支持建设中西部24个省、自治区、直辖市的100所地方高校的发展建设,即所谓的"小211工程"。从2012年开始,发改委、教育部组织开始实施重点扶持一批有特色、有实力的省部共建或省属重点大学,是中西部高等教育振兴计划的重要组成部分。

从上面我国高校发展战略来看,截至2015年全国共有普通高等院校2 553所,其中普通本科院校1 270所(含民办本科院校和中外合作办学)(附录A是2015年教育部公布的普通本科高校名录)。国家在国家经济重点战略领域确定了由国家层面重点支持发展的200多所高校,而且教育部宣布对"985""211"院校关闭了大门,停止增补。言外之意是其余高校都要进入市场竞争机制,也就是说全国有1 000余所地方本科院校面临生存问题,特别是647所新建本科院校尤为突出。而直接影响生存的问题就是毕业生就业问题。因此,如何重新定位学校的发展方向以适应地方产业结构调整的需求,成为了地方本科院校亟待解决的问题。众多地方本科院校向何处去成了高校领导和全国教育专家级教育行政部门的焦点问题。虽然党的十八届三中全会提出的"引导部分高校向应用技术型高校转型发展,加快应用型人才培养,促进高等教育结构调整,服务创新驱动国家战略"为地方本科院校发展指明了方向。但是如何转,怎样转仍然是困扰地方本科高校的难题。为此各高校都进行了积极探索,同时也加大了相互间的交流。通过探索和实践,各大高校基本达成了以"地方性、应用型、开放式、国际化"为基本定位的向应用技术大学转型发展的共识,明确了产教融合发展战略途径,为进一步加大各地方本科院校之间的交流,探索转型发展之路,由地方本科院校共同发起成立了应用技术大学联盟,并定期举办"产教融合发展战略国际论坛",共同探讨转型发展之路。

特别是2015年10月21日为贯彻落实党中央、国务院关于引导部分地方普通本科高校向应用型转变的决策部署,教育部、国家发展改革委员会、财政部联合下发了《关于引导部分地方普通本科高校向应用型转变的指导意见》(以下简称《指导意见》,教发[2015]7号)更加明确了地方本科院校的发展方向。指导意见中指出:"当前,我国已经建成了世界上最大规模的高等教育体系,为现代化建设作出了巨大贡献。但随着经济发展进入新常态,人才供给与需求关系深刻变化,面对经济结构深刻调整、产业升级加快步伐、社会文化建设不断推进特别是创新驱动发展战略的实施,高等教育结构性矛盾更加突出,同质化倾向严重,毕业生就业难和就业质量低的问题仍未有效缓解,生产服务一线紧缺的应用型、复合型、创新型人才培养机制尚未完全建立,人才培养结构和质量尚不适应经济结构调整和产业升级的要求。"《指导意见》深刻剖析了我国现行高等教育结构存在的突出问题,以及问题存在的根本原因和引导部分地方普通本科高校向应用型转变的必要性和重大意义。

《指导意见》中提出以四个坚持为基本思路,即坚持顶层设计、综合改革,坚持需求导向、服务地方,坚持试点先行、示范引领,坚持省级统筹、协同推进。这不仅为地方本科院校转型发展提供了政策、方向的引领,同时也为地方本科院校提供了可选择的空间,即国家采取不强制由高校自由选择是否转型的原则,给予高校更高的自主权。此外,《指导意见》在转型发展的主要任务中从学校定位、转型途径、人才培养模式改革、双师双能型教师队伍建设、评价体系改革等十四个方面进行了明确规定,为有意转型发展的高校提供了翔实转型发展脉络,为地方本科院校向应用型转变指明了方向和具体工作目标。最后,《指导意见》中六条配套政策和推进机制,不仅为转型高校提供了人力、物力、财力的支持,同时也提供了政策的支持,为地方本科院校转型发展保驾护航。从中可以看出国家对高等教育结构调整和引导部分地方本科高校向应用型转变的决心和支持力度。所以,从国家高等教育战略布局来看已经为地方本科高校提供了新的发展机遇,如何利用好这一机遇,怎么利用这个机遇,决定权还在高校自身。因为这次国家采取的是完全自愿的原则,为地方本科高校提供更为广阔的选择空间。但就笔者认为,地方本科高校向应用型转变是国家为这些高校开辟出的有效生存之路。

第二章　地方本科院校转型发展的瓶颈问题

第一节　地方本科院校转型发展的瓶颈问题

地方本科高校之所以出现生存危机，主要原因是这些高校自身存在许多不适应地方产业结构发展需求的问题。而地方本科院校转型发展的目的就是要解决这些问题，使学校在高校四大功能方面都能够适应本地区经济发展的需求。但是如果不分轻重，势必影响转型发展的进程。所以，根据矛盾论的指导，我们要找出影响地方高校转型发展的主要问题，只要把这些主要问题解决了，其他问题就会迎刃而解。所以，搞清影响地方本科高校转型发展的瓶颈问题是摆在这些高校面前的首要问题。通过本课题组的广泛调研，笔者认为影响地方本科高校转型发展的瓶颈问题可以归为三大类，即"地方性"问题、"应用型"问题和途径问题。

一、"地方性"问题

"地方性"问题主要包括学校的办学定位和专业设置方面存在的问题。高等学校的办学定位体现了学校的办学指导思想，体现了学校治校理念和策略，对学校的办学方向、办学行为以及学生发展和学校未来发展等具有引领作用。通过课题组对众多地方本科高校的调研发现，在这些高校定位中存在两种倾向：一种倾向是在教学型、教学研究型、研究教学型和研究型这些名词上做文章，把自己定位于教学研究型或研究教学型甚至于研究型大学，定位趋同性严重，特别是许多新建地方本科院校也致力于向教学研究型或研究型大学靠拢，以培养学术型拔尖人才为自己的培养目标，但学校自身在师资队伍、学术积淀、实验设备等方面又没有坚实的办学基础和发展条件，发展困难重重，前景黯淡；另一种倾向则是学校虽然定位明确，转型发展愿望强烈，但由于惯性发展没有找到突破口，困难较多，在实际办学中仍然沿袭传统办学思路，使办学定位只停留在纸面上。也就是说，大多数地方本科高校在办学定位方面要么没有针对地方经济发展，定位是定位，办学是办学，办学和定位严重脱离；要么就是定位脱离自身的基本条件。所以，这些高校在办学定位上地方性凸显不明,在人才培养和科学研究等方面与本地区经济发展需求严重脱节,使这些高校发展出现危机。

地方本科院校在地方性方面另一个明显问题就是专业设置与地方产业链严重脱节,致使人才培养与地方产业需求不相适应,造成的严重后果就是大量毕业生找不到合适的岗位,就业困难,出路不畅,进而造成了教育投资的严重浪费。通过课题组成员对大多数地方本高校调研得出,造成这些学校专业设置与地方产业链严重脱节的原因主要有三个。首先是原部委或行业高校转制到地方后,以及原来行业背景很强的专科学校升本后,特色不再明显,原有的专业结构与地方产业结构结合不够紧密,匹配度不高。同时受原有专业师资、办学基本条件等方面的限制,要实现向适应地方经济社会发展需求的应用型转变需要周期较长,改造困难较大。其次是有些高校不考虑所在区域的经济发展、产业结构对人才的需求,盲目追求高水平、高规格,盲目追求高教系统内部的攀比和排名。最后是现行本科专业目录的专业设置缺乏灵活性,没有体现不同教育类型的特点,弱化了高校办学自主权,专业设置缺乏自主权,也导致高校专业设置与地方产业结构发展脱节的现象。这三个问题中,前两个是学校自身的原因,最后一个是政策问题。所以,要使地方本科高校向应用型转变,政策必须先行。

二、"应用型"问题

"应用型"问题主要包括人才培养模式、科学研究以及师资队伍建设方面存在的问题。高校的核心任务是人才培养,那么如何改革人才培养模式以适应新时期应用型人才培养也是转型高校的核心问题。

课题组通过大量调研发现,大多数地方本科院校在人才培养体系中存在如下问题。

一是在现行评估体系的引导下,地方本科院校都将学术型人才培养作为学校的培养目标,各种评估设置了许多条条框框,削弱了学校的专业特色,特别是教育行政部门对专业课程体系设置限制太死,严重束缚了学校课程设置的自主权。因为如果偏离本专业规定的核心课程体系,在评估中专业就会被评为不合格专业。这样就造成了大统一的课程设置,不同类别、不同层次高校之间的课程体系差别很小,很难形成自己的特色。

二是教育行政部门对高校教材使用的硬性规定,致使绝大多数高校只能使用全国统编教材或规划教材,高校自主开发教材大多数都闲置一旁,这样很难实现教学内容与职业标准对接,教学内容改革也只是停留在理论研究层面,没有在实际教学中得以应用。

三是学校各个部门之间、公共基础教学与专业学院之间各自为政,没有形成统一的一体化育人体系。全校公共基础课程千篇一律,没有凸显专业特色。

四是在人才培养规格制定上与地方行业岗位链严重脱轨,不同类型、不同层次高校相同专业的人才培养规格完全雷同,没有凸显地方特色。

五是重理论轻实践,致使学生所学严重脱离生产实际,生产技能低下,很难适应现代产业发展的需求。

六是即便有的学校注重了实践教学,也只是盲目加大实践教学的学时,没有构建理论实践一体化教学,理论教学体系与实践教学体系严重脱节,造成学生理论联系实际能力严重欠缺。

七是教学过程与生产实践过程严重脱节:首先是大多数地方本科院校受资金限制,工程训练中心等与生产实践紧密结合的实践平台方面建设严重欠缺,导致教学过程与生产实践过程脱节;其次是大多数地方本科院校没有与地方企业有机融合,产学研一体化育人体系没有形成,也致使教学过程没有办法和生产实践过程紧密结合。

八是学科建设与专业课程建设严重脱节,大多数地方本科院校在学科建设方面还是一味追求高大上,导致学科建设与专业课程建设严重脱轨,没有对专业建设形成有力支撑。

九是单一的理论考核评价形式和体系严重影响了学生综合素质的培养。

通过上面分析我们可以看到,地方本科院校在人才培养方面存在的瓶颈问题主要来自教育行政部门和学校自身两个方面。所以,地方本科院校项应用型转变,教育行政部门在政策方面要给予极大的支持,同时学校也要集全校之力做好顶层设计,统一思想全方位进行人才培养模式改革。

高等院校的另一个主要任务是科学研究,因为高等院校承担着国家科技创新和发展知识的重要使命。在知识信息化社会,知识资本成为决定一个国家综合实力的核心要素。因此,科研发展水平不仅是高等院校的重要任务,也是衡量一所学校办学水平的重要标志。然而,长期以来我国"重学术轻应用"的学术文化造成了科学与技术严重脱离的现象,特别是地方本科院校科研与地方经济发展结合严重欠缺,数据显示2012年新建本科院校科研经费来自企事业的经费仅占科研经费总和的29.87%,近几年有所增加,但幅度也不大。另据教育部《中国高校知识产权报告(2010)》提供的统计数据显示,近年来我国高校专利转化率一般低于5%。这一现象凸显了我国高校科学研究与实践应用严重脱节的问题。也正是存在这样的问题致使地方本科院校在地方经济发展中没有起到应有的作用,同时也造成了地方政府、企事业对地方本科院校存在的淡漠现象。

师资队伍是高校承载人才培养、科学研究、服务地方和文化传承的主要群体。现行大多数地方本科院校中普遍效仿名牌大学,在师资队伍建设上,重学历、重理论水平,而忽视教师将理论转换为技术、将技术转换为现实生产力的专业实践能力。一方面,高校在人才引进上有过多的条条框框限制,从各个高校人才招聘条件可以看到,几乎全部要求博士且"985"和"211"院校毕业,这本身无可厚非,但结果却是造成了高校的青年教师基本上是出了学校门(学生)又进学校门(教师),没有任何实践经历的现象普遍存在。另一方面,在制度层面上,现有制度又不能有效引导教师进行必要的企业实践锻炼,工程实践能力得不到提高。同时,具有丰富实践经验的企业高级工程技术人员、高级技能人才没有高校教师资格证,没有办法进入学校课堂。所以,教师队伍达不到应用型人才培养的"双师双能"型教师的要求,严重影响了应用型人才培养质量。

三、"途径"问题

"途径"问题主要是没有抓住转型发展的根本途径,只是盲目加大实践教学力度,没有从根本上解决影响学校转型发展存在的诸多问题。学校转型发展是个系统工程,涉及学校定位、专业设置、人才培养模式、师资队伍建设、教学方法及内容改革、科学研究、学科建设、管理体制等诸多方面。那么走什么样的转型发展之路,才能将这庞杂系统统一到一个方向,解决地方本科院校现存的问题呢?

解决问题的关键是我们要明确转型发展的根本目的是什么,有了目的地,道路自然就好选择了。大多数地方本科院校就是没有抓住转型发展的根本目的,只是为了能够得到一些待遇,才加入转型发展这一行列的。三部委指导意见中明确指出:"推动转型发展就是要把高校办学思路真正转到服务地方经济社会发展上来,转到培养应用型技术技能型人才上来,转到增强学生就业创业能力上来,全面提高学校服务区域经济社会发展和创新驱动发展的能力。"也就是说,转型发展的根本目的就是真正增强地方本科院校为区域经济社会发展服务的能力。只要这一根本目的实现了,地方本科院校现存的问题都应该得以解决,因为解决上述存在的问题就是为了实现这一根本目的。所以根据根本目的选择的途径一定能够解决地方本科院校现存的阻碍转型发展的诸多问题,加速学校转型发展的进程。

第二节　地方本科院校转型发展瓶颈问题的成因

通过上文的分析,我们可以看出影响地方本院校转型发展的瓶颈问题很多。上面对问题的分类是按照问题的性质进行的,但要想解决这些问题,还要分析清楚这些问题的成因以及其责任主体。这样我们才能知道,问题出在哪个层面,应该由哪个层面来解决。表2-1为地方本科院校转型发展的瓶颈问题、成因、责任主体以及危害。

表 2 - 1 地方本科院校转型发展问题

问题类别	序号	问题	成因	结果	责任主体
"地方性"问题	1	学校办学定位没有体现地方特性	定位趋同性严重	办学定位与地方经济发展严重脱节,得不到地方政府、企业的支持和重视	学校
			办学定位只停留在纸面上		学校
	2	专业设置与地方产业链严重脱节	原部委或行业高校转制到地方后,以及原来行业背景很强的专科学校升本后,特色不再明显,原有的专业结构与地方产业结构结合不够紧密,匹配度不高。同时受原有专业师资、办学基本条件等方面的限制,要实现向适应地方经济社会发展需求的应用型转变需要周期较长,改造困难较大	大量毕业生找不到合适的岗位,就业困难,出路不畅,进而造成了教育投资的严重浪费	政府和学校
			某些高校不考虑所在区域的经济发展、产业结构对人才的需求,盲目追求高水平、高规格,盲目追求高教系统内部的攀比和排名		学校
			现行本科专业目录的专业设置缺乏灵活性,没有体现不同教育类型的特点,弱化了高校办学自主权,专业设置缺乏自主权		教育行政管理部门
"应用型"问题	3	将学术型人才培养作为学校的培养目标	各种评估设置了许多条条框框,削弱了学校的专业特色	不能够按照经济发展需求灵活快速设置专业,没办法实现教育超前原则	教育行政管理部门和学校
			教育行政部门对专业课程体系设置限制太死		教育行政管理部门

表 2 - 1(续)

问题类别	序号	问题	成因	结果	责任主体
"应用型"问题	4	教学内容更新跟不上经济、技术发展步伐	教育行政部门对高校教材使用的硬性规定,致使绝大多数高校只能使用全国统编教材或规划教材,高校自主开发教材大多数都闲置一旁	很难实现教学内容与职业标准对接,教学内容改革也只是停留在理论研究层面,没有在实际教学中得以应用	教育行政管理部门
	5	学校没有形成统一的一体化育人体系	学校各个部门之间、公共基础教学与专业学院之间各自为政,学校统筹协调不够	全校公共基础课程千篇一律,没有凸显专业特色	学校
	6	在人才培养规格制定上与地方行业岗位链严重脱轨	学校在人才培养规格制定时没有紧密联系地方经济发展需求,盲目照搬综合大学	不同类型、不同层次高校相同专业的人才培养规格完全雷同,没有凸显地方特色	学校和二级学院
			受课程体系制约,难以实现凸显地方特色的人才培养规格		教育行政管理部门
	7	重理论轻实践	育人理念没有转变	致使学生所学严重脱离生产实际,生产技能低下,很难适应现代产业发展的需求	二级学院
	8	理论教学体系与实践教学体系严重脱节	教育具体执行者对教育规律理解不够透彻,只注重了实践教学,盲目加大实践教学的学时,没有构建理论实践一体化教学	造成学生理论联系实际能力严重欠缺。培养是技师不是工程师	二级学院

表 2 - 1(续)

问题类别	序号	问题	成因	结果	责任主体
"应用型"问题	9	教学过程与生产实践过程严重脱节	大多数地方本科院校受资金限制,工程训练中心等与生产实践紧密结合的实践平台方面建设严重欠缺,导致教学过程与生产实践过程脱节	学生所学的技术与生产实际严重脱节,不能适应现代生产的需求	学校
			大多数地方本科院校没有与地方企业有机融合,产学研一体化育人体系没有形成,也致使教学过程没有办法和生产实践过程紧密结合		学校和二级学院
	10	学科建设与专业课程建设严重脱节	大多数地方本科院校在学科建设方面还是一味追求高大尚,导致学科建设与专业课程建设严重脱轨	没有对专业建设形成有力支撑	学校和二级学院
	11	考评体系单一	沿用应试教育的考核体系	严重影响了学生综合素质的培养	学校和二级学院
	12	科研方向与地方经济发展严重脱节	对高校的各种评估体制	导致地方本科院校在地方经济发展中没有起到应有的作用,同时也造成了地方政府、企事业对地方本科院校存在的淡漠现象	教育行政管理部门
			职称等各种拔尖人才选拔制度		教育行政管理部门
			学校自身重视程度		学校

表 2 –1（续）

问题类别	序号	问题	成因	结果	责任主体
"应用型"问题	13	"双师双能"教师队伍资源严重不足	高校在人才引进上有过多的条条框框限制，从各个高校人才招聘条件可以看到，几乎全部要求博士且"985"和"211"院校毕业的，这本身无可厚非，但结果却是造成了高校的青年教师基本上是出了学校门（学生）又进学校门（教师），而没有任何实践经历的现象普遍存在	教师队伍达不到应用型人才培养的"双师双能"型教师的要求，很难在具体教学中实现应用型人才培养	学校
			制度层面不能有效引导教师进行必要的企业实践锻炼，工程实践能力得不到提高。同时，具有丰富实践经验的企业高级工程技术人员、高级技能人才没有高校教师资格证，没有办法进入学校课堂		教育行政管理部门

第三章 应用型人才培养
一体化育人体系

在现行高校的内控体制中,高校将工作分成若干类,分别由不同的机关部门进行管理。各个机关部门相对独立工作,相互之间沟通甚少,导致学校层面协调力度不够,加之各部门主要领导理念的差异,造成了各自为政的现象。特别是在育人体系当中,这个问题尤为严重。首先,教学管理和学生管理是分开的,大部分学校还是分别由不同的副校长专门负责教学管理和学生管理;其次,专业教学和公共课教学是分开的,专业课由专业学院负责,公共课由基础部负责,或由其他学院负责。而即便是同一专业学院,其理论教学和实践教学也是分别由不同团队在执行教学,专业建设和学科建设也是分别由教务处和学科办两个部门分别管理。这样的内控体制导致了大部分高校存在育人环节和教学环节严重脱节、专业教学和公共课教学严重脱节、理论课教学和实践课教学严重脱节以及学科、专业、课程建设严重脱节等问题。这种不同理念分裂式的培养体系必将导致育人过程的分裂,很难实现统一目标的培养,严重违背教育统一性原则。这也是阻碍地方本科院校向应用型转变的主要因素之一,所以构建一体化的育人体系是转型发展培养应用型技能型人才的先决条件。要构建一体化育人体系首先要明确人才培养定位(这一点转型发展高校已经明确,即培养地方产业结构需求的应用型技能型人才),以此来统一思想;其次就是要构建相应的体系来解决这些脱节的现象,完成一体化育人体系。

第一节 教育统一性原则与一体化
综合育人体系

一、人才行为结构模型与教育统一性原则

在人才培养方案中,所有高校无一例外地将人才培养规格分为知识、能力、素质三个部分。但项目组前期调研结果显示,大部分高校在人才培养方案后续的体系构建当中,没有体现出哪些是培养学生知识的,哪些是培养学生能力的,哪些是培养学生素质的。也就是说规格和培养体系严重脱节;有些高校采取了模块化人

才培养体系,将人才培养体系分为基础理论模块,执行学生知识结构的培养;实践模块,执行学生能力结构的培养;素质模块,执行学生素质结构的培养。其本质就是通过理论课来传授学生理论知识,通过实验和实训等实践教学来锻炼学生实践能力,通过一些素质选修课来培养学生一些跨学科的素质。但这三个模块之间几乎没有任何关联度,没有归一到人才培养最终目标这一核心上来,致使在人才培养过程中三个模块相互独立、各自为政,存在严重脱节的现象,违背了教育统一性原则,导致了人才培养过程的分裂,很难培养出具有统一规格的人才。

存在上述现象的一个主要因素,是我们对人才培养规格确定上存在误区,即将规格分为知识、能力和素质。但事实上这三个方面并不是并列的关系,而是包含的关系,即素质包含知识和能力。关于素质的概念解释很多,但本课题组更倾向于这一定义:"素质就是一个人在社会生活中思想与行为的具体表现。在社会上,素质一般定义为:一个人文化水平的高低、身体的健康程度以及家族遗传于自己惯性思维能力和对事物的洞察能力,管理能力和智商、情商层次高低以及与职业技能所达级别的综合体现。"这一对素质概念的诠释告诉我们,素质包括意识、知识信息和能力三部分。意识决定人的行为,而行为的结果又是靠其知识信息和能力作为支撑的。而人们对社会的贡献恰恰是通过人们的行为结果表现出来的。也就是说,人们的行为结果如果符合社会的需求,就是社会有用的人才;反之,就不是社会所需之人,甚至可能是与社会背离之人。从这个意义上看,人们在社会上的行为结果是人们素质的具体表象。所以对于高等学校是以培养社会需要的有用人才为核心任务的机构,培养具有什么样素质的人才是每个高校首要问题,而如何培养则是每个高校的核心问题。鉴于衡量人才培养的质量是其行为结果与社会需求符合度之间的关联,那么我们首先就要看看是什么决定人们的行为结果的。前文已经提到,一个人的意识决定其行为,也就是说意识是行为的导向。同时,行为的结果还受到每个人后天猎取的知识信息和能力结构的影响。由此,本课题组确立了如下的人行为结构模型:

$$\Psi(\alpha) = \lambda \cdot [f(c) + f(k) + f(e)]^2$$

式中　$\Psi(\alpha)$——人的行为结果;

$f(c)$——人的意识函数;

$f(k)$——人后天获得的知识信息函数;

$f(e)$——人后天猎取的能力结构函数;

λ——三者相关联度因子($0 \leqslant \lambda \leqslant 1$,当任意两个函数为零时 $\lambda = 0$,当三个函数完全关联时 $\lambda = 1$)。

通过这个模型我们可以看到:

当 $f(c) = 0$ 时，$\Psi(\alpha) = \lambda_{ke} \cdot [f(k) + f(e)]^2$ 是机器人的模型；

当 $f(k) = 0$ 时，$\Psi(\alpha) = \lambda_{ce} \cdot [f(c) + f(e)]^2$ 是技师模型；

当 $f(e) = 0$ 时，$\Psi(\alpha) = \lambda_{ck} \cdot [f(c) + f(k)]^2$ 是理论专家模型。

只有当三个函数都不为零且相互关联时，$\Psi(\alpha) = \lambda \cdot [f(c) + f(k) + f(e)]^2$ 才是工程师模型。除了上述情况以外，其他情况 $\Psi(\alpha) = 0$ 均为无用之才。上述行为结构模型将人的行为结果分成机器人、技师、理论专家和工程师四大类。第一类属于人工智能，后面三类人才分别由不同层次高校承担培养任务。所以根据人才培养类型高校分为高职类（主要培养技师）、研究型（主要培养理论专家）和应用型（主要培养工程师）。地方本科院校主要是承担为地方行业培养工程师的任务。

上述人才行为结构模型主要体现了人的行为由哪些因素决定，并通过行为类型将人才分成三类。

另外，素质只是人的心理发展的生理条件，不能决定人的心理内容与发展水平，人的心理活动是在遗传素质与环境教育相结合中发展起来的。而人的素质一旦形成就具有内在的相对稳定的特征，所以，人的素质是以人的先天禀赋为基质，在后天环境和教育影响下形成并发展起来的内在的、相对稳定的身心组织结构及其质量水平。意识是生物体基于对外界的感知，从而通过各个接收器官形成脑电流传送给大脑的一个电流交换的表现。这样的表现被储存在大脑分管记忆的区域，反复接触同一个事物，会重复刺激产生相同的脑电流，从而刺激大脑中记忆部分中的以往意识，形成了记忆，因此意识也是形成记忆的基本组成部分。

从人的行为结构模型我们可以看出，意识决定人"想干什么"，知识信息决定人知道"怎么干"，而能力则决定人"能不能干"，三者必须是统一的，即意识决定行为，知识指导行为，能力支撑行为，三者必须相互关联。如果一个人想种庄稼，而他所具有的知识信息只有冶金，那么这个人就不知道怎样种庄稼，也就无法实施他的想法；而若他的知识信息也是庄稼种植的，但却没有种植庄稼的技能，也只能是纸上谈兵，无法付诸行动。这也就要求在人才培养过程中，必须考虑到人才行为结构要素，做到从思想教育、公共基础教育到专业教育全方位，从理论教学、实践教学到工程实践全过程必须统一到本专业人才培养目标上来，这就是教育统一性原则。即围绕本专业人才培养目标和规格构建全方位、全过程的一体化综合育人体系，才能实现人才行为结构意识、知识和能力的有机统一，才能培养出想干事、知道怎么干又能干成事的有用人才。

二、一体化综合育人体系

人才行为结构模型以及教育统一性原则，首先明确了人才规格结构，即意识、知识和实践能力,这也阐明了我们在人才培养中从哪几个方面入手,特别是原有人才培养体系当中被忽略的人才意识的培养被提出,并且放在了首位。其次强调了作为工程师的应用技术人才必须达到意识、知识和实践能力三个方面的高度统一,这是实现培养合格的应用技术人才核心,也是关键所在。这也就指出了我们现行的思想教育、公共基础教育、专业教育以及理论教学和实践教学独立设置的人才培养体系已经不再适应新时期应用技术型人才培养的需求了。因为各个教学体系独立设置,各自为政,相互之间存在严重脱节现象。所以探索出一个能够适应培养意识、知识和实践能力高度统一的应用型技术人才的一体化综合人才培养体系是现行地方本高校亟待解决的核心问题。

要构建这样一个一体化综合人才培养体系,首先我们就要知道意识、知识和实践能力的培养是由哪些部分来承担的。

我们先来研究人意识的培养。人的意识分为本能意识和后天意识。本能意识是人们通过长期进化赖以生存的本能,是天生的,这部分主要是用来维系人的一般生存需求。而后天意识则是人们后天通过对外界的感知而获得的,即人通过各个接收器官接收外界传输的信号,形成脑电流传送给大脑并储存在大脑分管记忆的区域,反复接触同样一个事物,就会重复刺激产生相同的脑电流,从而固化到人脑中,形成人的后天意识。这样来看,思想教育、公共基础教育、专业教育以及理论教学和实践教学都承担人的意识培养任务。而且,要想将一种理念、一种事物固化为人的一种后天意识,就必须要对学生反复进行相同的刺激。这也就要求各个教育体系和教学环节必须统一,否则没法构建相同的信号进行反复刺激。

接下来,我们再看知识结构。同样,思想教育、公共基础教育和专业教育中的理论教学部分承担人才知识结构的培养任务。某一行业领域完备的知识结构包括该行业领域的行业道德、行业规范以及行业专业知识,这也要求无论是思想教育、公共基础教育还是专业教育都必须统一到该专业所对应的领域上来,才能完成该领域人才所需的完备的知识结构的培养。所以,要想在各个教学单元和教学全过程做到高度统一,原有的多体育人系统很难承担这样的任务。必须构建一体化综合的育人系统才能实现教学方法、教学过程以及教育理念的统一。本课题组经过深入研究和实践,探索出了一条通过将人才培养项目化来构建一体化综合育人体系的途径。即将人才培养过程实行项目化管理。具体内容为由本专业带头人牵头,组建由专业教师团队、企业技术人员团队、公共基础教育教师团队、学生思想教育人员团队等组成的人才培养的综合项目团队,按照人才培养意识、知识、能力结构,分为子课题组,由本专业带头人统一协调,在教学内容、教学方法、教学过程方面按照同一目标,进行统一策划,以此达到人才培养的全方位、全过程的统一性。

一体化综合育人体系包含以人才培养规格为目标核心的人才培养内容体系

(如图3-1所示)和以专业带头人(人才培养项目负责人)为领导核心的人才培养执行体系两大体系。

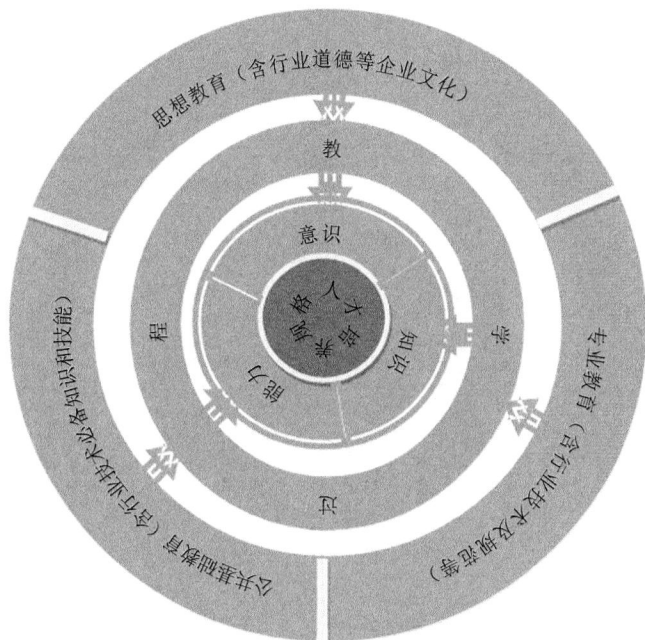

图3-1　人才培养内容体系

　　通过图3-1可以清楚看到,新的人才培养内容体系是以人才培养规格(意识、知识、能力)为核心构建的。首先,各教育模块通过教学过程融合在一起,不再是相互孤立的系统;其次,各教育模块通过教学过程同时承担人才三种规格的培养任务,不再像以往的模块教学只承担一种规格的培养任务,这样更加符合人才成长的心理和生理特点;最后,各个教育模块当中都要包含专业所对应的行业知识、技能以及规范等内容,理论和实践教学不再分开设置,而是每个教育模块都包含理论和实践教学内容,在教学过程中相互关联、相互渗透,形成理论实践一体化教学(这一点后面将有专门章节进行论述)。这样就做到了各个教育模块在教学内容上相互嵌入,初步建立了教学过程相互嵌套的一体化人才培养内容体系。

　　通过图3-2可以清楚看到,新的人才培养执行体系是以专业负责人为核心构建的综合教学团队。首先,各教学团队是通过教学过程与人才培养内容体系有机对接的;其次,各教学团队在执行教学过程中不再是相互独立的,而是相互融合,相互嵌套;同时,各教学团队中都包含专业所对应行业、企业的相关人员;而且各教学团队是在专业负责人统一领导下来执行教学任务,这样的人才培养执行体系能够满足教学内容、教学方法以及教学过程高度统一的要求。

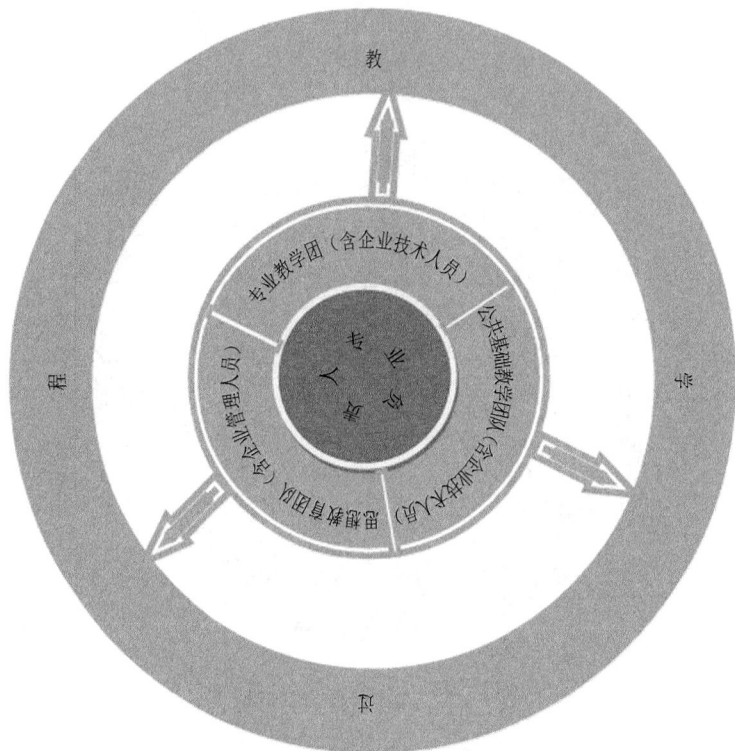

图 3-2　人才培养执行体系

通过上述分析可以看到,一体化综合育人体系的两个子体系是通过教学过程这个纽带有机结合在一起,通过教学过程搭建了"一体两翼"的一体化综合育人体系。即教学过程是机体,两翼分别是人才培养内容体系和人才培养执行体系。由此可见,教学过程是实现应用型人才培养的关键所在。

建立该体系的具体做法就是首先由专业带头人(人才培养项目负责人)按照项目方式,组织综合项目团队成员制定本专业的人才培养项目的核心目标(人才培养规格——意识、知识和能力),再将其拆分为分阶段目标,按照项目的这些目标确定项目的内容(人才培养方案),每个内容就是该项目的一个子课题,由相应的团队承担。同时结合目标和内容确定各个项目内容的建设方法(教学方法)和建设途径(教学过程)。人才培养项目实现项目负责人单一负责制,这样就实现了人才培养项目的统一化管理,进而解决了原有的各个教学内容分别由不同的单位承担所造成的在教学理念、教学方法以及各教学环节等方面相互脱离的现象。新的一体化综合育人体系充分体现了教育统一性原则。

第二节　产学研一体化育人体系

前文提出的一体化综合育人体系解决了人才培养统一性的问题。但根据教育统一性原则构建的一体化综合育人体系只是根据人才成长过程中的心理和生理规律解决了怎样培养人才的问题，现阶段地方本科院校存在的毕业生就业难和企业用工荒的问题还是没有很好的解决。要想解决这一问题，就要分析清楚产生这一问题的根源所在。从这一问题的表象来看，就是地方本科院校培养的人才与现行企业岗位需求相差甚远，所以，才出现了一方面企业用工荒，而另一方面地方本科院校毕业生就业难。为什么会出现这一奇怪的现象呢？

过去，地方本科院校也是这样办学，毕业生却供不应求。原因之一是过去是精英教育，大学毕业生少，岗位多，所以供不应求。但就这一因素很难解释为什么现在大学毕业生就业难和企业用工荒同时存在的现象。

究其根源，就是过去我国的产业主要以第一产业和第二产业为主，而这些产业又都是以学科体系为依托。所以，过去的地方本科院校的专业设置是按照学科设置专业，培养以学术为主的后备人才。而随着我国产业结构的变化，现阶段第三产业作为主导的产业结构，大量的领域都不是单一学科能够解决的，而是多学科相互渗透、相互交融。然而，教育部现行的高校专业目录，仍然沿用原来按学科设置专业的专业目录。这样的专业很难适应瞬息万变的产业市场的需求。同时，当代的大学生都是"90后"、"00后"，个性非常强，自我意识明显高于"60后"和"70后"乃至"80后"。所以，自我满意也是造成就业难的一个因素。

所以，地方本科院校必须进行彻底改革。首先，学校要发现人才市场的需求，根据市场对人才的需求来设置专业或改造原有专业，不能再按学科设置专业。其次，学校要走进学生思想深处，了解学生的真实愿望，发掘学生的成长兴趣点和个人优势，将其自身的优势、志向和专业学习以及从业要求有机结合起来。显然，按照这样的要求，由于市场需求不同，个人优势和志向不同，人才培养必须要实现差异化培养。这也就是学科教育与应用教育的不同所在。显然，由于需求不同，人才培养内容、形式、过程也就不同。所以，应用型人才培养体系是从市场需求出发构建的人才培养体系。这就要求地方本科院校必须在专业设置、人才培养规格、课程体系、人才培养过程以及教学方法等全方位、全过程进行改革。因此，为适应我国产业结构调整的需要，地方本科院校向应用型转型势在必行。

既然转型发展的根本目的是增强地方本科院校服务区域经济社会发展的能力,很显然为了实现这一根本目的,就要求学校充分了解掌握本地区行业、企业以及社会经济发展的现状,这就要求地方本科院校必须与本地区行业企业紧密融合,才能做到这一点,没有别的路可走。三部委指导意见中的十四项转型发展主要任务是,第一项任务就是"明确类型定位和转型路径",任务明确指出:"确立应用型的类型定位和培养应用型技术技能型人才的职责使命,以产教融合、校企合作为突破口,根据所服务区域、行业的发展需求找准切入点、创新点"来推动高校转型发展。接下来在"建设行业企业合作发展平台"任务中系统地阐述了如何进行校企合作,即"建立学校、地方、行业、企业和社区共同产于的合作办学、合作治理机制。校企合作的专业集群实现全覆盖。转型高校可以与行业、企业实行共同组建教育集团,也可以与行业企业、产业集聚区共建共管二级学院。建立由地方、行业和用人单位参与的校、院理事会(董事会)制度、专业指导委员会制度,成员中来自于政府、行业、企业和社区的比例不低于50%。支持行业、企业全方位全过程参与学校管理、专业建设、课程设置、人才培养和绩效评价。积极争取地方、行业、企业经费、项目和资源在学校集聚,合作推动学校转型发展。"这段阐述明确指出,产学研合作一体化办学模式是地方本科院校转型发展的唯一途径。也就是说,只有通过产学研合作一体化办学模式才能解决地方本科院校现存阻碍转型发展的问题。

一、人才行为结构与社会需求关联模型

人才行为结构模型从人的心理生理角度揭示了决定人才行为的因素,但是决定人才是否是社会所需要的,由下面人才行为结构与社会需求关联模型决定:

$$\Phi(\beta) = \lambda_\delta \cdot \Psi(\alpha) \cdot \Gamma(\gamma)$$

$\Psi(\alpha)$是人的行为结构函数,$\Gamma(\gamma)$是社会需求函数,由人才需求标准和数量等因素决定,$\Phi(\beta)$是人才行为结构与社会需求的关联函数,决定人才满足社会需求的程度,数值越高满足程度就越高。$\lambda_\delta = \lambda_c\lambda_k + \lambda_k\lambda_e + \lambda_e\lambda_c$,为人才行为结构与社会需求的关联因子,其取值范围是$0 \leq |\lambda_\delta| \leq 1$,取正值表示对社会具有正面效应,取负值表示对社会具有负面作用。$\lambda_c, \lambda_k, \lambda_e$分别为人才的意识、知识信息和能力与社会需求的关联因子,其中只有任意两个或以上不为零时,$\lambda_\delta = \lambda_c\lambda_k + \lambda_k\lambda_e + \lambda_e\lambda_c$才不为零。$\lambda_c = 0$时是人工智能即机器人,$\lambda_k = 0$时为技师,$\lambda_e = 0$时为学术研发人员。只有三者都不为零时,才是现今行业企业所需求的应用技术型人才。也就是说,人才所具有的意识、知识和实践能力都必须与其专业所对应的行业、企业需求相关联,否则都不是行业、企业所需的应用型技术人才。由于人才培养规格中的各要素都必须与其专业所对应的行业、企业需求相关联,这就要求在人才培养内容、培养过程及其各个环节都要建立与所对应的行业、企业生产技术、规范等因

素密切联系,才能使所培养的人才的意识、知识和实践能力与所对应的行业、企业对人才的需求标准相关联。

所以,根据一体化综合育人体系和人才行为结构与社会需求关联模型,要实现我国现代产业结构市场需求的应用技术型人才培养,就必须在专业设置、人才培养规格和方案、教学内容、教学方法以及教学过程与行业、企业有机融合,才能针对产业需求岗位的标准来培养应用技术型人才。所以,通过校企合作联合共建专业构建产学研一体化育人体系是地方本院校实现转型发展的必由之路。

二、产学研合作教育模式

我国产学研合作模式大体上分为两类,一类是产学研合作企业模式[36~38],一类是产学研合作教育模式[39,40]。两者虽然遵循的基本原则都是互惠互利双赢的原则,但是核心却截然不同。前者是以企业为核心,以科技创新增强企业竞争力为目标,这里的"产"指企业,"学"指高等学校,"研"指研究机构,即三类机构的有机结合。后者是以高校为核心,通过产教融合、科教融合以及产研结合实现应用型人才培养这一目标。这里的"产"指的是生产实践体系及过程,"学"指的是育人体系及过程,"研"指的是科研体系及过程,是三个体系及过程的有机融合。学生在这样综合体系下学习过程也是生产实践过程同时也是科技创新过程。达到了应用型创新型人才培养的目的。所以两者具有截然不同的功效。前者的高校就是"985"和"211"类院校,而后者才是地方本科院校适合的产学研合作模式——"产学研合作教育模式"。

产学研合作教育模式的基本架构是共建四个平台(产教融合平台、产研结合平台、资源共享平台以及科教融合平台)和三个团队(混编管理团队、混编教学团队以及混编科研创新团队)。这个教育模式就是通过三个混编团队在四个平台上完成高校全部功能,即人才培养、科学研究、服务地方以及文化传承。

三、产学研合作是解决办学定位"地方性"问题的唯一途径

高校地方性主要是通过高校四大功能来体现,即人才培养方面要实现专业链与地方产业链有机对接,体现人才培养的地方产业需求性;科学研究方面要实现科研方向与地方产业技术需求有机对接;文化传承方面就是要实现校园文化与地方企业文化有机对接;服务地方方面主要是将高校的优势资源与地方及企业需求有机对接。所以,要实现四大功能地方性核心问题是高校必须了解地方产业机构布局以及需求。

首先,在专业设置方面,只有通过与企业专家共同组建的混编管理团队根据区域行业企业对人才的需求共同确立专业体系,才能真正实现专业链与地方产业链

有机对接,即实现按照市场需求设置专业。同时,只有按照岗位标准制定人才培养规格并制订人才培养方案,才能实现人才链与岗位链有机对接。

其次,在教学内容方面,也只有通过有企业专家参与的混编教学团队共同开发教材,才能实现教学内容与生产内容有机对接。同时,只有在产教融合平台上执行的教学过程才能实现教学过程与生产过程对接,才能培养出企业需求的合格人才。而科学研究方面只有以行业企业技术需求为导向,确立科研方向,并通过与企业专家组成的混编科研创新团队在产研结合平台上联合攻关,才能使应用科研"落地",才能使科研成果真正成为企业发展的驱动,才能提高高校科研成果转化率;同时资源共享平台与企业实现资源共享,才能使学校的优势资源为企业服务。

一个地方会因为名胜、产品等出名,却只会因为文化名垂青史。而地方文化的内核往往是由一个企业、一个团队或者某个名人精神所创的,例如大庆的文化就是由油田创业时期所创的大庆精神、铁人精神为内核的爱国、创业、求实、奉献精神。所以,高校的文化内核必须与地方企业文化相融合,才能凸显自身特色,也才能成为地方文化的传承者,因为"学高为师,行为世范",也就是说传承者本身必须是该文化的继承者。

上述提及的每一条都离不开行业和企业的参与。所以,产学研合作教学模式是解决地方本科院校办学功能"地方性"的唯一途径。

四、产学研合作是解决人才培养"应用型"的唯一途径

高校的核心任务就是人才培养,不培养人才的学校就不能称其为学校。而地方本科院校的核心任务,就是培养地方产业结构需求的应用型人才。关于应用型的诠释到现在为止,大家都只停留在"应用"层面。其实应用型人才中的"应用"应该诠释为"适应"和"适用",即一方面是地方本科院校培养的人才首先是要适应地方产业发展需求,另一方面是地方本科院校培养的人才还要真正适用于地方产业现行技术体系。也就是说只具有应用意识和应用能力还不够,必须要适应地方产业发展需求,才是地方产业真正所需要的应用型人才。所以,地方本科院校在应用型人才培养中,"适应"更为重要。因此,地方本科院校在强化实践教学同时,更要强调实践教学方法及内容的时效性和指向性,也就是实践项目要紧跟行业最新领域的生产实际。这项工作是学校自身很难完成的,这就要求学校的科学研究、社会服务、人才培养要有企业的参与,这样才能紧跟企业技术发展前沿,保证科研方向,教学内容与时俱进与现代企业技术紧密结合。所以,用与企业专家共同组建的混编教学团队在产教融合创新平台实施的实践教学过程是实现实践教学时效性和指向性的唯一途径,也就是说产学研合作教学模式是实现地方本科院校培养地方产业发展所需应用型人才的唯一途径。

五、产学研合作是双师双能型教师队伍建设的唯一途径

师资队伍建设是任何高校建设的重点，因为高校的所有功能都是由教师来执行的，也就是说教师是高校四大功能的执行者，没有教师，学校只是空中楼阁，没有任何实用价值。地方本科院校向应用技术大学转型，无论是在人才培养、科学研究、服务地方还是文化传承都是与地方产业发展密不可分的。所以，教师作为这些任务的执行者和传承者，自己必须也是继承者，也就是双师双能型教师。所谓双师双能型教师就是既具有高校教师素质和资格，又具有地方产业在某个领域的工程素质及现行技术的教师。所以高校的双师双能型教师队伍建设有两种形式：一种就是由企业专家和学校教师共同组建的混编教师团队，即"双师双能型教师队伍"；另外一种就是通过培训等实践过程培养高校教师兼具地方产业某领域工程素质和现行技术，即"双师双能型教师"建设。前者是团队具有双师双能素质，后者是个体具有双师双能素质。但无论哪一形式，都必须通过产教融合平台、产研结合平台以及组建混编团队来实现。离开地方产业，混编团队无法组建，教师也无法获取地方产业某领域工程素质以及现行技术。所以，产学研合作是双师型教师队伍建设的唯一途径。

通过上述论述可以看出，地方本科院校转型发展的各个要素的建设都离不开地方产业。因此，产学研合作教育模式是地方本科院校向应用技术大学转型发展必经之路，也是唯一之途。

六、产学研一体化育人体系构建途径

既然校企合作构建产学研一体化育人体系是地方本院校转型发展的唯一途径，那么为什么大部分地方本科院校还没有付诸实际呢？原因有二：其一是部分地方本科院校的决策层还没有认识到校企合作对高校转型发展的重要性，即地方本科院校领导者认识上存在问题；其二就是现今企业一味最求效益最大化，没有考虑其承担的社会责任，而大部分地方本科院校在科技创新方面实力又较弱，不能对企业形成技术上的有力支撑，对企业参与校企合作没有吸引力。所以，即便地方本科院校的领导认识到了校企合作的重要性，因为找不到合作企业，校企合作构建产学研一体化育人体系也很难做到。

第一个问题好解决，对相应地方本科院校的领导进行针对性培训，提高其认识。关键是第二个问题，如何让企业参与合作办学是个难题，但也不是没有解决途径。本课题组通过前期调研和实践探索出两条解决这个问题的途径。

第一条就是要由政府牵头，构建政、企、校合作模式，由政府出面协调企业和地方本院校共同构建产学研一体化育人体系。其中，政府要给予参与校企合作的企

业一些特殊政策以及提供一些优惠条件,以此来调动企业参与校企合作的积极性。这方面的突出案例就是"教育部－中兴集团 ICT 产教融合创新基地的"政、企、校合作模式。首先,通过教育部、中兴集团以及应用技术大学联盟联合发起,征集有合作意愿的地方本科院校提出申请,再组织专家通过远程答辩,2015 年最终第一批确定了 30 所地方本科院校(包括民办本科院校),确定了在基地建设和专业建设两大方面进行校企联合共建试点(具体共建方案见附录 B)。

第二条就是以专业为纽带通过校校联合,实现在技术、人才等方面的优势互补来弥补地方本科院校单一资源、技术等方面的不足,以此来吸引企业参与校企合作。即构建由多个地方本科院校相同专业以及多个相关企业联合构建的产学研合作教育战略联盟,由此构建产学研一体化育人体系。

产学研合作教育战略联盟的建立必须以共赢为基本原则、以需求为引领、以科技服务和成果转化为支撑、以人才培养为核心。建立的途径主要有以下两个。

一是通过建立高校联盟增强科研实力,拓展服务面向,吸引中小企业组建产学研合作教育战略联盟。首先,地方应用型本科院校由于各方面资源的匮乏,单兵作战能力较弱,无法与研究型大学相比拟。那么弥补这一缺陷的最好途径就是在相同专业或相近专业联合其他地方本科院校建立高校联盟。一方面,联盟内部各高校通过协调根据自身优势结合本地区行业特点,确立自己的专业方向和科研方向,实现优势互补,大大增加了科研实力并拓展了服务面向。另一方面,在师资队伍、实验室以及文献资料等方面实现资源共享,不仅可以节约资金,而且也增加了办学实力。这样高校联盟在整体实力上就可以和中等研究型大学比拟了。同时,也提升了科技服务能力和水平,增加了与企业的共赢点,有力促进产研结合,为产学研合作教育模式的构建提供了先决条件。

其次是地方应用型本科院校要根据自身的条件量体裁衣,选择当地主要行业中实力较弱的中小型企业作为自己的合作伙伴。因为这些企业无论是在资金上还是在技术力量上都存在短缺的现象,他们没有足够的资金组建自己的科技团队。这样无论是在自身的技术支撑方面还是承担本行业大型企业项目方面,地方本科院校都可以为其提供人力资源和技术服务。同时,企业技术人员也可以成为高校的兼职教师,解决了高校具有工程背景教师短缺的问题,在人力资源上实现共享。另外,这样的企业大多没有足够资金建立自己的培训机构,所以地方本科院校可以与之联合共建实训中心,承担起培训任务。这些中心同时还可以承担学生的实训任务。另外,这样的企业也不像大型企业那样都有自己的研发中心,所以,地方本科院校可以以项目为载体与之共建实验室,这样的实验室既可以作为研发中心,也可以作为专业实验室。此外,这些中小企业在人才需求层次上也与地方本科院校人才培养层次相符。总而言之,地方本科院校与当地主要行业的中小企业有很多共赢点,这样就可以以资源共享的模式建立校企联盟。这样的校企联盟同时还为学生理论联系实际提供了更为广阔的实践平台,即将人才培养过程与生产过程有机地结合起来,大大强化了产学结合。还需要强调的是,这些中小企业都是应当地本行业大型企业的需求而生的,他们大多承担着本地大型企业的一些外围生产任务和工程项目,同这些企业建立了联盟,也为未来当地主行业的大型企业建立产学研合作教育模式奠定了基础。

最后,高校联盟内的各高校自身组建的校企联盟,再通过高校联盟组建成产学研合作教育战略联盟,这样的联盟内就包含若干个地方应用型本科院校和若干个地方中小企业。联盟内成员无论是高校还是企业都以发展为主线,以共赢为原则,以相互需求为引领,以资源共享的模式形成了相互依存的联合体。联盟成员通过协调达到了优势互补,大大增加了竞争实力。

第二个途径以政府和教育机构为纽带建立产学研合作教育战略联盟。目前,全国各地中小城市和县一级政府都在根据自身的优势大力发展地方产业,或以产业园区等形式吸引外资。为了增强这些产业的竞争实力,这些政府也把目光转向高校,谋求技术支持。但是由于地域和资金的限制,这些地方产业很难吸引实力很强的研究型大学,这也给地方本科院校建立产学研合作教育战略联盟提供了契机。所以地方本科院校要抓住这一契机主动与这些地方政府取得联系,了解他们的需求,结合自身的优势在技术服务和人才培养等方面建立广泛的合作,为建立产学研合作教育战略联盟奠定基础。另外,随着大众教育的发展,就业难成了许多地方本科院校毕业生的最大问题,其主要原因就是地方本科院校仍然采用学科设置专业和按照学科系统培养人才的模式,人才培养与岗位需求的标准严重分离,致使学生毕业后很难快速适应岗位需要。而现代的企业追求的是利益最大化,不像过去国有企业储备人才机制那样采用师傅带徒弟的方法进行培训。所以,应运而生的一些以职前岗位培训为主的教育结构。这些教育机构与行业内众多企业建立了广泛的联系,了解这些企业岗位需求的标准,并与多家企业签订了长期合作协议,包括用人和项目合作。所以,经他们培训后的大学毕业生大多数都能直接上岗。但这些教育机构由于资金的问题,在师资队伍、研发团队和实训室建设等方面都存在问题,所以,地方本科院校可以抓住这点与之建立合作关系,为其提供人力资源和场地资源,而这些教育机构则可以成为学校与企业建立联系的桥梁和纽带,为产学研合作教育战略联盟的建立打通校企合作的通道。

七、产学研合作教育战略联盟的运行机制

产学研合作教育战略联盟的运行机制包括如下两个方面。

一方面成立理事会,构建产学研合作教育战略联盟常态管理机制。为了使产

学研合作教育战略联盟有序地运行必须建立常态管理机制。为此组建产学研合作教育战略联盟理事会。理事会的构成由联盟内的高校和企业人员组成。联盟内各单位均为理事单位。理事会成员采取单位推荐的民主形式产生。理事会是本联盟的最高管理机构,决定联盟技术发展方向与重点工作任务,决定理事会各机构的设立和工作安排,协调资金等资源的筹措、使用、成果转化及收益分配方案等联盟重大决策事宜。

理事会设立信息与战略研究中心,为企业及高校提供资源共享、服务共享的组网式服务,建立稳定的信息集散中枢,对行业动态进行持续跟踪。

理事会设立技术研发和成果转化中心,负责联盟内企业的技术研发项目及成果转化协调和管理。中心根据企业需求确立技术研发方向,并作出顶层设计,根据联盟成员各自优势组建项目组,采用合同形式明确和规定项目参与成员的责任与权利。另外还负责国家、省、市以及联盟外企业等项目的申报、实施等管理工作。

理事会设立教育培训中心,主要负责联盟内各高校的人才培养以及企业技术人员培训等工作。其主要工作内容有根据行业需求调整专业设置、人才培养方案以及更新教学内容等。协调联盟内共享资源尽力产学及学研一体化人才培养体系及实施。根据企业需求制订员工培训规划等。

理事会还设立财务资产中心,负责联盟日常财务运营管理、年度预决算等工作。联盟经费来源主要有这几个方面:企业提供的发起设立资金、后续加入联盟企业支持的运营资金、企业提供的技术研发资金、项目经费、政府给予的扶持资金、成果转化有偿使用收入以及其他合法收入资金。同时还负责联盟资产以及共享资产的协调使用和管理。

另一方面理事会还需要建立产学研合作教育战略联盟的长效运营机制。因为产学研合作教育战略联盟这一组织的成立以及联盟常态管理机制的建立都只是一个前提,要想让联盟长久运营下去,必须建立相互需求、相互依存稳定的合作体系,以此实现共赢的原则。

首先,以企业需求为引领,以科技服务和成果转化为支撑建立稳定的产研合作体系,是联盟长效运营的必要条件。前文已经提到产学研合作教育模式是实现应用技术型人才培养的唯一途径,如果没有企业参与,产学研合作教育模式就是虚有其名。而技术服务和成果转化是企业的最大需求,也是企业实现利润最大化的途径。所以,联盟的首要任务就是及时了解企业的需求,根据联盟内的各自优势,组建研发团队,及时解决企业在技术上的需求问题。将科学研究与技术开发与生产实践有机地结合起来,以此建立长期稳定的产研合作体系。联盟理事会常设机构——技术研发及成果转化中心就是专门负责此项工作的机构,为产学研合作教育战略联盟长效机制的形成奠定坚实的基础。

其次,以应用技术型人才培养为核心,以共享资源为平台构建产学合作体系,是产学研合作教育战略联盟建立的主要目的。如果只注重产研合作,就只实现了高校的科技服务功能,偏离了人才培养这一核心,这样形成的产学研合作体系就是产学研合作产业模式,不是产学研合作教育模式。所以,理事会要充分利用联盟共享资源的优势,在双师双能型教师队伍建设、工程训练中心建设以及生产实习基地建设等方面加大建设力度,为学生提供广阔的理论联系实际的平台,构建课堂教学、工程训练、生产实践三位一体的开放式一体化教学体系,将教学过程全方位、全过程地与生产实践过程融合在一起,以此构建产学合作体系,满足应用技术型人才培养的需求。联盟理事会常设机构中,教育培训中心就是负责此项工作的。

最后,以创新能力培养和超前知识储备为目标,以项目为载体创建学研结合体系,也是产学研教育战略联盟建立的目的之一。应用技术型人才除了具备理论联系实际能力和应用能力之外,还要具有一定的研发能力和创新能力,同时还要具备本行业技术超前的知识储备,才是企业所需要的合格人才。所以,一方面要以项目为载体让学生参与到项目研发团队当中,这样不仅能够使学生得到研发能力和创新能力的培养,同时还确保了课程设计题目以及毕业论文题目都可以来自生产实践;另一方面,研发团队还要将行业技术发展趋势纳入到研发内容当中,以此来更新教学内容,使学生具有本技术行业超前的知识储备,这样学生在毕业后才能满足企业技术发展的需求,不至于让所学的知识和技术落后于生产技术的发展。为此,联盟内各高校要和联盟配合制定相关的法规,以此建立长期稳定的学研合作体系。

八、“341”产学研一体化合作办学模式

该模式以产教融合创新基地为依托,构建三个混编团队(混编管理团队、混编教学团队、混编技术团队)、搭建四个实践平台(校内实训平台、校外实习平台、校内科技创新平台、大学生创业平台)、共建一个专业集群(简称“341”产学研一体化合作办学模式),以此形成了专业链与产业链对接、人才链与岗位链对接、教学内容与生产实践内容对接、教学过程与生产实践过程对接以及理论与实践教学有机对接的立体式应用技术人才培养体系。

1. 专业建设混编团队动态管理模式(Mixed team dynamic management model, MTDM)

由校企联合组建的管理团队负责专业建设(简称专业建设 MTDM 模式),即管理团队企业人员适时监控专业所对应领域的技术发展趋势,并以此适时调整专业方向,实现专业建设的动态管理,并以此实现专业链与产业链的有机对接。专业建设混编管理团队以联合共建产教融合创新基地为依托构建校院两级管理混编团队。校级混编管理团队即校企混编管理委员会,委员会组成如图 3-3 所示。

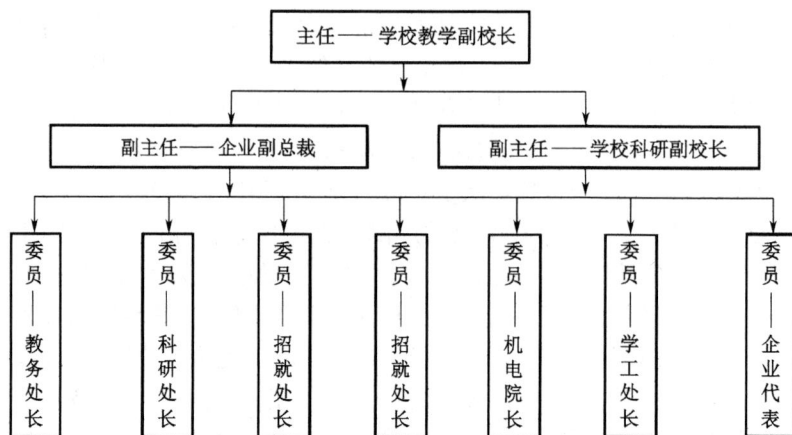

图3-3 委员会组成

院级混编管理团队即企业技术人员及人力资源管理人员直接参与学院的各项管理,具体构成如图3-4所示。

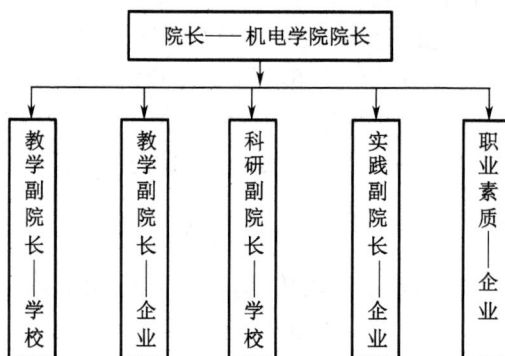

图3-4 管理人员构成

具体专业建设管理程序如下:

由企业学院管理人员每年通过调研形成对应专业产业技术领域发展趋势、行业新标准等综合报告,学院管理混编团队根据此报告形成专业方向建设方案,上报校级管理委员会批复执行,这样就可以使专业建设能够始终跟踪所对应产业技术领域国家的发展步伐,实现专业建设的动态管理。下文以机电学院中的电子信息工程专业和自动化专业为例进行说明。

(1)信息+通信——移动互联网技术——4G技术——电子信息工程专业移动通信方向

随着移动互联网迅猛发展,通信技术日益成为信息技术的核心,所以,原有的信息技术领域(即 IT 领域),已经发展为通信和信息技术高度融合的产业领域即(ICT 领域)。所以,在专业设置上要考虑产业融合,即电子信息工程专业要以移动通信方向为主要方向进行设置。

(2)信息＋制造——智能制造——信息技术＋自动控制技术——自动化专业智能控制方向

随着人们生活水平的提高,人们对产品的要求已经不仅是满足生活必需的需求,还多了个性化的需求。所以,传统的制造业要向制造业加服务业转型,以此满足人们日益增长的个性化的需求。而实现个性化的核心技术,就是将信息技术融入制造业,也就是所谓的智能制造。这样制造业传统的自动化专业就要以信息技术加自动控制技术的智能控制方向转型。

2. 课程体系建设混编团队动态管理模式(Mixed team dynamic management model,MTDM)

由校企联合组建的管理团队(管理团队构成如上)负责人才培养规格和课程体系制定(简称课程体系建设 MTDM 模式)。即管理团队企业人员适时监控专业所对应领域的技术发展对岗位标准的影响,每年形成一个关于专业岗位综合调研报告,学院混编管理团队根据此报告适时调整人才培养方案,实现人才培养方案和课程体系的动态管理,并以此实现人才链与岗位链的有机对接。以机电学院电子信息工程专业和自动化专业为例。

现行电气领域一线工程技术人员可以分为两级:第一级也就是最基础的电气工程师,企业所需岗位数量也非常庞大,主要从事一线电气技术工作;第二级通信类为通信工程师,控制类为传感技术工程师,这两类工程技术人员主要从事电气类技术管理和开发,所以他们必须以电气工程师为基础。据此机电学院电子信息工程专业和自动化专业人才培养体系由以下课程模块构成:

(1)电子信息工程专业——公共基础模块＋电气工程师模块＋信息技术模块＋移动通信模块;

(2)自动化专业——公共基础模块＋电气工程师模块＋传感技术模块＋自动控制模块。

这样的课程体系在提高就业率(电气工程师岗位)同时,又能够提升高端就业率(通信工程师和传感技术工程师)。

3. 教材建设混编团队动态管理模式(Mixed team dynamic management model,MTDM)

专业课教材由校企混编教学团队联合开发。混编教学团队的构成是由学校教师和企业专业技术人员根据 3∶1 的比例构成。其具体结构和功能如图 3－5 所示。

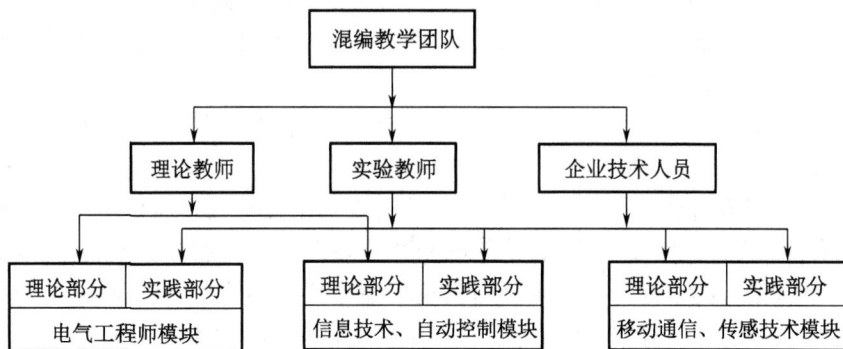

图 3 – 5　教学团队结构

　　由于现行的企业技术人员可以实时掌握对应领域的技术发展,每年由企业技术人员形成相关课程所对应的技术领域技术更新综合报告,混编教学团队根据此报告提出教材建设和改变方案,报学院混编管理团队批准后执行,这样可以适时更新教材内容,实现教材建设的动态管理(简称教材建设 MTDM 模式),进而保证教学内容与生产实际有机对接。教材开发以生产案例为核心构建新型的功能模块化教材内容体系,即专业课程理论按在该技术领域生产案例中的功能重新规划课程内容,一个模块一个核心生产案例(每个生产案例又由若干个子案例构成,每个子案例与课程内容知识点一一对应,这些知识点构建成一个围绕核心生产案例的功能模块课程内容),若干个核心案例支撑若干个模块,最后若干个核心生产案例构建成一个大的完整生产案例,同时各个功能模块构建成完备的课程内容体系。以模电为例,包括电源、功放(三极管、二极管、电阻、电容、放大电路等)、调谐、输出。表 3 – 1 是某一机电工程学院电子信息工程专业和自动化专业与校企联合开发教材规划。

表 3 – 1　教材规划

	2015 年	2016 年	2017 年	2018 年
电气工程师模块	模拟电子	数字电子技术	单片机	嵌入式技术
信息技术模块		核心 4 门课程		
移动通信模块			核心 4 门课程	
传感技术模块			核心 4 门课程	核心 4 门课程
自动控制模块		PLC 控制技术	自动控制理论	现代控制技术

截至目前,该校企联合开发教材已经完成 7 门课程,到 2018 年底,专业课程校企联合开发教材覆盖率预计为 80%。

4. 个性定制综合评价模式(Custom integrated assessment models,CIAM)

在校企联合共建专业中,由人力资源管理人员,对学生四年不间断全程跟踪,同时兼任职业素质课程。对每个学生都建立成长档案,适时记录学生的性格、情感、习惯、爱好、智力、意识、知识体系、能力等各个方面的变化,等到学生大学毕业时,对每个学生给出一个综合评价,并根据综合评价,给出每个学生适应的就业岗位建议以及未来发展方向,并推荐若干个就业岗位,由学生挑选其中三个进行就业面试。这种个性定制综合评价模式(简称 CIA 模式)改变了原来单一的学习成绩评价模式,能够更全面更准确评价一个学生的综合素质,并以此判断其适应的岗位和未来发展方向。其具体结构如图 3-6 所示。

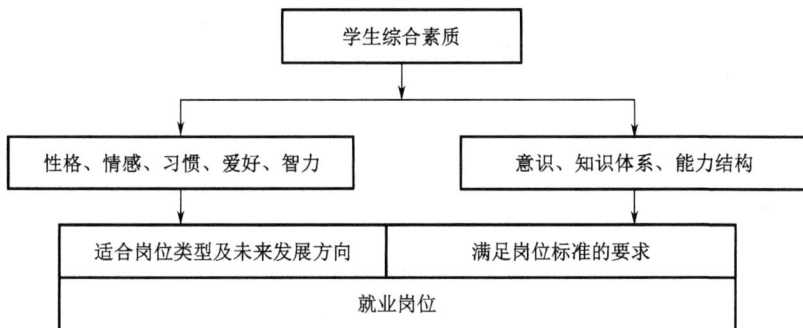

图 3-6 学生综合素质

CIA 这种评价模式主要是根据学生综合素质与岗位的关系来制定的。从图 3-6 我们可以看出学生的性格、情感、习惯、爱好、智力或者称为学生的情商和智商直接决定其适合岗位的类型,而其意识、知识体系、能力直接决定其是否胜任该岗位。所以联合共建专业所有同学,从一入学开始便由企业职业素质教师与他们充分接触,了解其心中期待岗位,结合其性格等因素与其协商未来岗位类型,确定以后建立个人培养档案,针对其确定的未来就业岗位类型在大学四年期间,从情商、智商以及意识、知识、能力规格全面进行培养,并适时跟踪记录其各项指标的变化,到毕业时,再进行系统综合评价,并根据这一综合评价指标确定其适合岗位类型以及判断是否能够胜任该类型岗位。为了配合这一评价体系,从 2016 级开始,机电学院三个专业全面实施导师制,导师的作用就是根据学生的愿望结合其特点为其规划大学四年的学业生涯设计,并指导帮助其按计划实施。

5. 平台加平台实践训练模式(platform to platform,P to P)

在"341"产学研一体化合作办学模式中,学生的创新实践训练采取的是平台加平台的模式(简称 P to P 实践训练模式)。首先由校企共建搭建校内实训平台,将对应的行业生产实际引入校园,学生在这个平台上完全可以得到其专业所对应行业的真实生产实践的锻炼。同时这个平台又是技术创新平台,也是技术服务平台,利用这个平台可以面向社会承揽工程,以此为依托可以鼓励学生创办技术开发及服务公司,教师和企业技术人员可以作为公司的技术支撑,平台可以作为公司的硬件支撑,因此这个平台又是大学生创业平台。

另外,由于这种合作办学模式的合作企业是该领域的领军企业,所以可以说是由企业牵头搭建了该产业从源头到终端完整产业链的产业集群,以此构建的校外实习平台可以满足该专业所有学生的不同实习需求。所以在这样的平台加平台的实践训练体系中,学生可以得到现代企业所需求的综合实践能力的训练。可以大大提升学生培养和企业需求的契合度。不仅可以大大地提高就业率,同时也提升了学生未来的发展空间。

第三节　理论实践一体化教学模式

地方本科院校向应用技术大学转型是国家产业结构调整对高校布局调整的需求。产学研合作教育模式解决了转型发展途径的问题,使地方本科院校转型发展明确了正确的方向。而地方本科院校向应用技术大学转型是一个系统工程。它涉及学校定位的调整(实现专业链与地方产业链有机对接)、人才培养模式的改革(实现岗位链与人才链有机对接)、搭建产学研合作平台(实现生产过程与教学过程有机对接)、课堂教学改革(实现教学内容与生产案例有机对接)、双师型队伍建设(实现教师队伍与工程技术人员有机对接)等。但它的核心工作,仍然是人才的培养。所以,创新人才培养模式以适应应用型人才培养是所有转型学校的首要问题。各个高校都进行了各种尝试,但大多数院校都是从学生动手能力弱,理论联系实际能力不强这一点入手,增加实践教学环节和课时,以此来强化实践教学。虽然取得了一定效果,但并没有从根本上解决问题。首先,过分地强调实践教学,就偏离了本科人才培养宗旨,就使人才培养方向倒向了高职院校的人才培养目标——高级技师,即纯技能型人才。其次,它没有从根本上解决学生理论联系实际能力弱的瓶颈问题。此处,许多高校设立的实践教学项目指向性不明确,与对应的产业链和岗位链结合不够紧密,达不到培养效果。

针对上述存在的问题,本课题组创立了"双轨反馈多层嵌入式人才培养模式"，以解决上述五个对接的问题。即通过毕业生和用人单位建立双通道反馈机制，从用人角度和应聘者角度两个不同方面反馈人才培养中存在的问题，为人才培养机制、体系、方案的调整提供依据。通过多层嵌入实现"五个对接"，即通过在专业方向顶层设计中嵌入地方产业结构布局要素，实现专业链与地方产业链对接；在人才培养方案设计中嵌入产业岗位需求要素，实现岗位链与人才链对接；在课程内容改革中嵌入对应行业最新生产案例，实现教学内容与生产实际对接；在具体的教学过程中嵌入生产实践环节，实现教学过程与生产过程对接；在理论课教学中嵌入实验、实训、学科竞赛等实践教学环节和内容，实现理论与实践有机对接。

一、将学科竞赛嵌入到实践教学体系，强化了实践意识

我国许多大学生实践能力弱，究其根源有很多因素，但最根本的原因是缺乏实践意识。他们从小就受到各种考试指挥棒的引领，埋头于理论学习，很少参加各种实践活动，严重缺乏实践意识。意识决定行为，所以要培养学生实践能力，就首先要培养他们的实践意识。培养意识需要兴趣和强化两个互补要素，首先要强制学生参与，因为以往常规的实践项目已经让学生厌烦，所以即便是再有趣的项目，只要涉及学习，他们还是会产生逆反心理。如果学生根本就没进入就不会感受是否有趣。所以，要制定一些强制化的法规，强制学生参与；其次，就是增加实践项目的趣味性。

所以，本课题组以学科竞赛为切入点，将学科竞赛纳入到实践教学体系，写入人才培养方案。学科竞赛作为创新学分必选项目，如果不参加学科竞赛就没有创新学分，同时将学科竞赛项目，作为日常实训项目，实现以赛代训，并且学生可以按获各种奖项级别申请减免实践学分。为此制定了一整套的学科竞赛管理办法，这样，既强制了学生参与，同时又有了激励机制。通过几年的实践，极大地激发了学生参与实践教学的积极性，强化了他们的实践意识。从开始参与率60%到现在的100%，呈现了参与性强、普及率高、效果好的大好局面，极大地促进了实践教学的发展。

二、学科竞赛组织管理实施办法

1. 学科竞赛的目的和意义

开展学科竞赛能够将理论教学、实践教学与大学生创新实践、课外活动紧密结合，能够提高学生的创新能力、动手能力及就业竞争力，也能推进高校对理工科技术应用型创新人才培养新模式的探索和改革。

学科竞赛活动不仅是学生提高应用技能、培养创新意识的载体，也是常规实践教学的深化和延续，更是学生专业理论知识向科技成果转化的有效途径。通过实

验、实践训练培养学生扎实的应用技能,再通过竞赛活动使学生同行业生产、科技创新有效结合,以打造出众多理论扎实、技能过硬的优秀毕业生。学生在竞赛活动中不仅获得了国家、省级奖项,为学校争得了荣誉,综合素质也得到了提高,让学生毕业后的工作能力突出,个人发展极具潜力。

大力开展学科竞赛、强调课外活动的积极作用将为实践教学改革注入更多新思路。

2.学科竞赛指导委员会

机电工程学院设学科竞赛指导委员会,由学院领导牵头全面负责学科竞赛活动的组织、管理和实施。指导委员会架构如下:

(1)主任:院长、书记。

(2)副主任:主管科研副院长、主管实践教学副院长、主管教学副院长。

(3)指导委员会设办公室,办公室主任:实训中心主任。

(4)成员:指导教师若干。

3.竞赛项目

学科竞赛项目由以下三项组成。

(1)电子设计竞赛

电子设计竞赛包含三部分:校园电子设计竞赛、省级电子设计竞赛和全国电子设计竞赛。

校赛每年3月~6月开展,目的在于活跃校园文化,促进电气信息类专业建设和课程建设;培养大学生的创新能力、协作精神,加强学生动手能力的培养和工程实践的训练,提高学生针对实际问题进行电子电路设计、制作的综合的能力,提高我校学术就业竞争力;吸引、鼓励广大学生踊跃参加课外科技活动,为优秀人才的脱颖而出创造条件;同时为全国大学生电子设计竞赛选拔选手,为集体争光。

黑龙江省大学生电子设计竞赛是省内最高规格的电子设计学科竞赛(简称省赛),由省教育厅主办,每两年举办一届。全国大学生电子设计竞赛是教育部主办的国内最高规格大学生科技竞赛活动(简称国赛),每两年举办一届。省赛和国赛目的在于按照紧密结合教学实际,着重基础、注重前沿的原则,促进电子信息类专业和课程的建设,引导高等学校在教学中注重培养大学生的创新能力、协作精神;加强学生动手能力的培养和工程实践的训练,提高学生针对实际问题进行电子设计、制作的综合能力;吸引、鼓励广大学生踊跃参加课外科技活动,为优秀人才脱颖而出创造条件。

本项赛事日常工作由指定指导教师负责。

(2)iCAN物联网创新创业大赛

该项比赛每年举办一届,是由教育部计算机教育指导委员会、全球华人微纳米分子系统学会、中国微米纳米技术学会主办的教育部质量工程项目。近几届比赛均有来自全国 30 余省份、百余所高校的上万学生参与,竞赛内容涉及公共安全、环境监控、智能交通、智能家居、健康监测等多个领域。

本项赛事日常工作由指定指导教师负责。

(3)"TRIZ"杯大学生创新方法大赛

该项竞赛由(国家)创新方法研究会联合黑龙江省科学技术厅、黑龙江省教育厅、黑龙江省科学技术协会、黑龙江省知识产权局等单位共同举办。竞赛宗旨是帮助广大学生熟练掌握、运用创新方法,开拓创新思维,激发创新活力,提供创新能力,树立创新精神,进一步提高大学生的创新能力和水平。竞赛于每年的 6~9 月间举行,技术、创意、实用设计类作品均可参赛。

本项赛事日常工作由指定指导教师负责。

4.竞赛的准备和实施

(1)校园赛

校园赛每年 3 月~6 月开展,计划每年吸纳全校范围的 60~90 组学生(每组 3 人)参赛。竞赛题目固定,由学院学科竞赛指导委员会制定后于每年 3 月初下发。校赛于 6 月初进行测试和评奖,指导委员会提前公布评分办法、评委团队和测试流程。校赛共设一等奖、二等奖、三等奖和优胜奖,并对出色的单位、部门和个人颁发优秀组织奖。

校赛评奖结束后,将从获奖队伍中选拔省赛、国赛的参赛选手,未经校赛选拔的队伍不得报名参加省赛或国赛。

(2)省赛、国赛

省赛、国赛的报名工作于每年 7 月初启动,参赛选手选拔自校赛获奖队伍。报名工作结束后,竞赛指导委员会将于暑假期间组织教师对参赛学生进行赛前强化训练。训练及竞赛期间实施指导教师负责制,指导教师根据学生选题方向进行细致准备和指导。竞赛结束后,由指导委员会指定教师带参赛队赴测试地参加赛区或全国评奖测试。学院实验实训室将为比赛提供全面的支持。

(3)iCAN 物联网创新创业大赛

该项比赛于每年 3 月初与校赛同步启动,竞赛于同年 10 月底结束。参赛队从报名起,由指导教师全面负责学生作品的制作和报告的撰写等工作。指导委员会 8 月底组织学生赴对应赛区测试地点进行赛区决赛,9 月底赴无锡进行全国总决赛。

在竞赛组织和准备的同时,学院将利用常规实践教学与学科竞赛的结合,通过基础实训、电子实训、单片机实训等实训课程锻炼学生的动手能力和创新能力,并将历年学科竞赛题目整理调整后纳入常规实践训练项目中,在保证学生常规基础训练的同时,加大力度进行分层次实践教学,以满足不同兴趣和素质学生实践能力培养的要求。

5.指导教师团队和实践教学平台

根据技术应用型人才培养的需要,为了充分发挥实践教学在学生应用实践能力培养上的作用,我们将全面推行实践教学改革,将实践训练课程区分为两大类。

一类为基础实践训练课程(电子元器件基础训练、电子实训、单片机实训等),依托于学科竞赛,分学年分阶段训练学生的综合实践能力。训练项目来自于历年的学科竞赛题目,在培养、提高学生实际问题解决能力的同时,为各级各类学科竞赛活动打造优秀的参赛选手。

另一类为专业实践训练课程(过程控制实训、PLC 实训、物联网实训等),强调培养学生专业领域知识的综合应用能力和创新意识。学科竞赛对学生的素质和能力有更高的要求,同时对教师的专业应用能力也提出了挑战,学院将依托实践训练教学平台着力打造结构合理、各有所长的指导教师队伍,将学科竞赛指导教师划分为三个层次。

(1)学科竞赛指导教师带头人

对某几类竞赛题目有独到的见解,具备多年竞赛指导经验且竞赛指导成绩突出,能够全面指导学生参加学科竞赛外,还可以带领相同方向的指导教师取得突破,在指导学生的同时能够培养有潜力的指导教师。指导教师带头人同时全面负责基础实践训练课程的教学工作,包括课程训练项目的制定和项目实训教学的实施。

(2)学科竞赛指导教师

这类教师具备扎实的专业知识和熟练的专业应用能力,实践教学经验丰富,能够配合指导团队独立指导参赛学生,能够承担基础实训课程中几类擅长训练项目的教学指导工作。

(3)实践教学指导教师

具备一定的实践训练教学经验,参与学科竞赛活动积极性高,能够同有经验的指导教师协作,并通过不断的学习成长为可独立承担竞赛指导的教师。他们能够主动学习提高,配合团队完成基础实训课程中的部分项目训练。

6.学科竞赛奖励机制

(1)教师奖励办法

教师指导学生参加竞赛获奖的奖励方式、办法,参照学校学科竞赛教师奖励的相关规定执行。学院可以根据指导教师在竞赛中的表现,予以其必要的额外奖励。

(2)学生奖励办法

竞赛获奖学生一般都具备突出的实践动手能力、专业技能和创新能力,学校对获奖学生的实训课程学分也应采用更加灵活的管理方式。

7.学科竞赛奖费用

学科竞赛费用由如下部分组成,学科竞赛指导委员会负责向学校申请费用以及自筹费用。费用的管理、费用的使用须有详细账目,严格做到专款专用。竞赛季结束后费用的报销,严格参照学校财务报销流程执行。

（1）竞赛报名费

主要是国赛或省赛中生成的报名费。

（2）元器件耗材费

电子设计竞赛中消耗的电子元件、实验耗材费用。

（3）竞赛差旅费

①参加竞赛赴外地测试的教师和学生差旅费,含交通费用、住宿费用和教师学生补助等。

②教师和学生赛前参加竞赛培训的差旅费。

（4）竞赛资料费

由竞赛组织者要求统一购买的技术资料费用。

学院学科竞赛指导委员会根据每年的参赛项目,提前制订详细的费用计划向上级主管部门进行费用申请。

三、学科竞赛指导教师管理与考核办法

学院学科竞赛指导委员会全面负责学科竞赛指导教师的管理和考核,具体规定及实施办法如下。

1. 指导教师职责

（1）竞赛的指导

各级各类竞赛活动的指导是指导教师的重要工作之一。根据对学科竞赛指导教师三个层次的划分,指导教师的指导工作可分为两类。

①独立指导

指导教师带头人和学科竞赛指导教师可以独立承担学生的指导工作。指导团队成员的分工可由团队内部商议决定,保证各位教师能够发挥特长、优势互补。

承担学生指导工作的教师须认真负责,并与团队成员紧密配合。竞赛指导教师的变更须经组内讨论并上报学科竞赛指导委员会审核决议通过。

②协作指导

普通实践指导教师参与学科竞赛指导的,须经学科竞赛指导委员会审核通过后进行协作指导。要求教师能够积极主动配合团队成员完成竞赛指导工作,能够通过不断的学习逐渐提升自身能力和指导水平。普通实践指导教师参与数轮竞赛锻炼后,经指导委员会考核通过,可成为学科竞赛指导教师承担学生的独立指导。

（2）基础实训课程的教学

将基础实训课程教学同学科竞赛相结合,此类课程的训练项目以历年竞赛题

目和赛前训练为背景进行设计。

①指导教师带头人可独立承担所有训练项目的教学工作,负责规划设计训练项目和组织教学。

②学科竞赛指导教师可独立承担部分训练项目的教学工作,同团队其他教师协作完成课程教学。

③普通实践指导教师首先须参与课程学习,经指导委员会考核通过后,独立承担部分项目的教学工作。

学科竞赛指导委员会根据人才培养方案中每学期基础实训课程的计划,综合考虑教师的指导水平和能力,安排专人负责课程的教学工作。

2.考核办法

为了促进学科竞赛指导教师团队的成长和院竞赛指导水平的提高,对指导教师考核规定如下。

(1)学科竞赛指导教师经考核后成为指导教师带头人

有三年以上参与学科竞赛指导的经历,能独立指导学生获省级二等奖及以上成绩的教师,经指导委员会审核决议,可被确定为学科竞赛指导教师带头人。

(2)普通实践指导教师经考核后成为学科竞赛指导教师

连续三年参与学科竞赛指导,能够积极主动配合团队工作,指导水平和能力显著提高,协作指导学生获省级三等奖及以上成绩的教师,经指导委员会审核决议,可确定为学科竞赛指导教师。

(3)普通实践指导教师经考核后承担基础实训课程项目的教学工作

对学科竞赛某一类训练项目的内容、教学方法和教学组织掌握熟练的教师,经项目考核后由指导委员审核决议,可承担该类项目的实训教学工作。

项目考核的技术细节,由学科竞赛指导委员会制定。

3.补充说明

学院学科竞赛指导工作突出团队配合和分工协作,参与学科竞赛指导除具备必要的专业素质和经验外,指导教师还要自愿付出额外的时间和精力。为保证学科竞赛活动开展的良性循环,学科竞赛指导委员会全面协调竞赛活动的组织和实施,指导教师团队还必须遵守如下管理规范:

(1)所有指导教师需态度认真负责、工作切实有效。

(2)学院不接受任何竞赛的私自报名和指导,一经出现将不予认定竞赛成绩和工作量。

四、获奖学生实训学分管理办法

学科竞赛活动对学生实践动手能力的培养具有极大的促进作用,学生通过参与竞赛不仅收获了荣誉,同时也提升了自身的专业素质和解决实际问题的能力。如某学院获奖学生的实训学分实行了更加灵活的管理,不同获奖等级的学生可获得相应比例的免修学分。规定如下:

1. 获得国家一等奖的学生可选择免修全部实训课程学分;

2. 获得国家二等奖的学生可选择免修全部基础实训课程学分以及 2/3 比例的专业实训课程学分;

3. 获得国家三等奖、省级一等奖的学生可选择免修全部基础实训课程学分以及 1/3 比例的专业实训课程学分;

4. 获得省级二等奖及以下省级奖励的学生可选择免修全部基础实训课程学分。

注释如下:

1. 学生根据获奖等级和免修比例,自行选择免修课程,并于开课前至少一周向学科竞赛指导委员会提交申请,同时提供获奖证书原件及复印件。申请见表3－2;

2. 学生学分免修申请审核通过后,所得实训课程成绩不得高于 70 分;

3. 未提交免修申请的学生,相应实训课程的成绩考核按照我院规定正常执行;

4. 获奖学生所得的创新学分参照大庆师范学院创新学分管理办法执行;

5. 机电工程学院学科竞赛指导委员会负责解释本办法执行中的问题。

表 3－2　获奖学生实训学分免修申请表

姓　　名		学　　号	
专　　业		班　　级	
获奖项目		获奖等级	
作品名称			
授予单位			
获奖时间		指导教师	
可免修学分		实际免修学分	
所选免修课程			
实训中心意见			
教学主管意见			
学院意见			

本表格一式两份,实训中心及学院各存档一份。

五、遵循认知规律构建三位一体的教学平台

人的认知规律主要由三个阶段构成,即感性认识、知性认识和理性认识。人类认识事物的过程遵循由感性认识到知性认识再到理性认识这样一个过程;而人类实践的过程恰好相反,是由理性认识到知性认识再到感性认识,实际上就是一个具体化的过程。按过程,认知分为一次具体化和二次具体化,这也就是执行的过程。技术应用型人才培养是实践过程,不是认识事物的过程,这点也是现在许多教育者所混淆的。所以,根据实践的三个过程,必须构建三个对应的教学平台,每个平台对应一个实践过程。课堂教学平台是教师把已有的理性认识即理论知识体系传授给学生的平台,让学生先通过理论体系得到生产技术的理性认识。校内实验、实训教学平台则是通过仿真模拟实际生产现场,让学生将所掌握的理论知识体系与生产实际相联系,即将理论知识体系拆解成一些具体的生产流程,实现一次具体化,即形成知性认识。由于模拟仿真系统只是将生产的流程、结构展示给学生,而不是生产实际现场,它从技术层面要落后于具体的生产实际。此外,由于为了教学,它也是一个综合的模拟系统,具体化程度也远不及生产实际现场。所以还要构建企业实习基地教学平台,在这个平台里,学生把理论知识体系以及通过实训得到的知性认识进一步具体化,即二次具体化,具体到每一个实际生产单元,形成感性认识。学生在这样一套三位一体的教学平台的培养过程中,完成了完整的实践过程。这是符合人类认知规律的。因为技术应用型人才核心规格就是理论联系实际的意识和能力,所以这样的教学平台有利于技术应用型人才的培养。由于实践的三个过程环环相扣,所以三个教学平台缺一不可。

六、构建理论实践一体化教学模式(Integration of Theory and Practice,ITP),强化理论联系实际能力的培养

学生理论联系实际能力弱的主要原因是理论教学和实践教学严重脱节。按照传统的教学过程,理论教学和实践教学都是分开的。理论课老师上理论课,实验、实训课教师上实验课和实训课,即便是课程内含的实验,也没有与理论课程紧密结合。针对这一问题,本课题组进行了课程改革。即以"五用"为教学过程主线,以混编教学团队为执行教学团队的理论实践一体化课程教学模式(简称 ITP 教学模式)。具体做法为围绕一门课组建教学团队,团队成员包含理论课教师、实验、实训课教师,将课程内容按照技术能力分成若干单元,每个单元都有一个核心知识点,每个核心知识点对应一套生产案例,围绕这个核心知识点再拆分若干个分知识点,核心知识点相互关联构成这门课程体系。具体教学过程实现单元内知识点理论、

实验、实训贯穿,实现理论、实验、实训一一对应,即理论内容讲完,马上进行相关实验,一个单元结束,结合理论让学生自己动手制作生产案例的实践产品,所有单元结束,各个单元的实践作品最后组成一件大的实践作品。考核采取 $N+1$ 的考核模式,"N"就是每个单元考核,每个单元考核形式以生产案例实践作品来评判,"1"就是期末考试,N 个单元考核成绩与 1 次期末考试成绩按比例综合构成学生这门课程成绩。这样的教学过程贯彻了"五用"的原则,即理论课告诉学生有什么用,实验课让学生知道怎么用,实训课让学生学会自己用,生产见习让学生了解生产实践中如何应用,学科竞赛、综合设计实验、课程设计等环节让学生学会创新用。该模式极大地提高了学生理论联系实际能力和应用能力。本课题组在"电子技术"等基础课程进行试点。图 3-7 为理论实践一体化教学模式流程图。

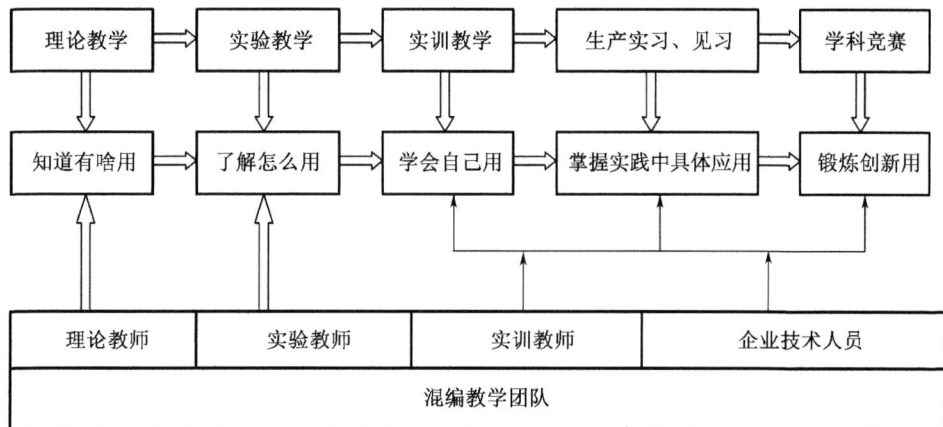

图 3-7　理论实践一体化教学模式流程

七、"电子技术"课程理论实践一体化教学方案

1. 基本思路

(1)指导思想

课程建设是学科建设和专业建设的基础。"电子技术"(模电+数电)课程是电子信息工程和自动化专业重要的专业基础课,在课程体系中起着承前启后的核心作用。故本课程改革的基本指导思想:以徐权提出的"双轨反馈多层嵌入式人才培养模式"为教学改革的准则,依据"理论课让学生知道干什么用,实验课让学生懂得怎么用,实训课让学生学会自己用"的应用型人才培养的目标要求,按照理论、实验和实训一体化的教学模式建立课程教学团队,以实训项目为牵引,实行课程内

容的模块化教学,使教学过程"教学做"合一。

"电子技术"课程不同于一般的专业课——本课程强调基本概念、基本原理和基本分析方法,为将来在工作中应用电子技术解决实际问题打下牢固的基础;本课程又不同于某些基础理论课,内容更为接近工程实际。因此,"电子技术"课程改革具有特殊性,既要满足学生基础理论知识的学习,又要培养学生的动手实践能力。故设计了"知识-能力-素质"一体化培养的课程内容,以学生的理论知识、个人素质与发展能力、团队协作能力和在企业与社会环境下的工程综合能力为培养目标。将"电子技术"课程按课程内容和学生能力培养目标为基准进行模块划分,每一模块都渗透理论、实验、实训教学的内容,理论知识学习和实践技能培养交替实施,环环相扣,最终达到理论教学与实践教学深度融合。

(2)总体思路

按照重基础、重实践、重能力培养的"教学做"合一的理念,"电子技术"课程教学改革将重点在以下五个方面展开工作。

①教学团队

教学团队成员由能从事理论教学和实践教学的教师组成。教学团队以理论课教学内容为基础,以实训项目为牵引,合理构建理论、实验和实训教学内容。理论课教师要参与实验教学和实训教学内容制定和教学过程的开展。同时,实验教师和实训教师也要对理论课教学内容提出建议和意见,使理论和实践教学相互促进,相得益彰。

②模块化教学

模块化教学就是以能力培养和素质教育为主线,在教学方法上强调智能一体,在学习方法上强调知行一致,集中开展相关的理论知识、实践经验、操作技能的同步式一体化的教与学。一个模块是一个内容上和时间上自成一体的教学单位,由不同的教学形式组合而成,可以对其进行定性(内容)和定量(学分和考核)的描述;一个模块是一个专业中最小的教学构成单位,每一个模块具有特定的功能;各单个模块均可以跟其他模块进行组合,实现整体组合的多样性。

③教学大纲

根据课程团队式教学,模块化授课的教学形式,依据"理论课让学生知道干什么用,实验课让学生懂得怎么用,实训课让学生学会自己用"的应用型人才培养的目标,从社会、企业、校友和在校师生等各方面进行深入调研,遵循"集中编排,避免重复,相互协调,递进提升"的方式,多维度地对课程教学内容进行整合,明确课程内容间的主次关系、层次关系以及内在联系,科学设计课程教学内容。

④教与学的方法

模块化教学侧重于能力和素质培养,要采用案例教学法、讨论式教学法以及研究性学习、发现式学习等符合认知规律和情感认同规律的全新的教法与学法。教学各环节中注重"化知识为能力",开展探究式教学,培养学生的探究能力和动手能力,培养学生独立思考和自主创新意识,提高学生应用知识解决工程问题的能力,实现一体化教学所规定的培养目标。尤其重视网络教学资源的建设和学生网络化学习的效果。

⑤评价体系

这个体系要以课程教学目标为中心,以电子和自动化行业标准为基准,内容上涵盖理论知识、实践技能和能力以及鉴定考核方法等内容。把课程培养的应用能力引入人才能力评价体系,重视理论知识和实践能力的融会贯通,把学生的回馈引入课程教学评价体系。

2. 实施计划

以实训项目为牵引,按照明晰设计、精心实施、注意细节的指导原则,电子技术(模电+数电)课程具体的实施路线重点包括以下五个方面的工作和要求。

(1)构建教学团队

通过教学团队的建设,改革教学内容和方法,开发教学资源,促进教学研讨和经验交流,推进教学工作的传、帮、带和老中青相结合,提高中青年教师的教学水平。因此,基于电子技术课程的实际情况,构建了一个由理论教师、实验教师和实训教师组成的教学团队。2014—2015学年第二学期电子信息工程专业和自动化专业开设的电子技术课程如表3-3所示。

表3-3 2014—2015学年第二学期开设的电子技术课程情况

课程	理论课程		实验课程		实训课程	
	班级	学时	班级	学时	班级	学时
模拟电子技术	2013级自动化12班	54	2013级自动化12班	24		
数字电子技术	2013级电子信息123班	54	2013级电子信息123班	24	2013级电子信息123班	32
	2013级自动化34班	54	2013级自动化34班	24	2013级自动化34班	32

根据课程情况,按照传帮带、老中青搭配原则,教学团队教师教学情况如表3-4所示。理论课、实验课和实训课分别由具有丰富理论经验和实践技能的老师作为各模块的带头教师,带领其他中青年教师完成教学过程。

表3-4　电子技术课程教学团队教学任务分配情况

课程	专业	班级	理论教学	实验教学	实训教学
数字电子技术	电子信息工程	1班	带头教师1	带头教师2	带头教师1
		2班			课程负责人
	自动化	3班			成员4
		3班	成员1	带头教师2	带头教师1、成员1
		4班			带头教师2、成员2
模拟电子技术	自动化	1班	成员2	成员3	
		2班			

(2)课程内容的模块划分

所谓模块(Module),描述的是围绕特定主题或内容的教学活动的组合,即一个模块是一个内容上及时间上自成一体、带学分、可检测、具有限定内容的教学单元,它可以由不同的教学活动组合而成。模块化课程体系的特点为突破学科定势,优化和重组课程体系,强化学生能力培养,有利于学生个性化学习,有利于资源共享,有利于教与学的统一。基于电子技术课程的特点,本课题组以实训项目为主线,以理论课内容和能力培养为模块划分的基础,每个模块包括一定学时的理论课、实验课和实训课。在一个单一的模块中,理论、实验和实训这三个教学环节有机组合,由教学团队中的教师互相配合完成教学过程,在教学过程中,要注重教学内容、教学方法的创新。每一个教学环节结束,要对学生进行阶段性考核和学习效果的调查反馈。最为学生最终成绩的依据和团队化教学效果好坏的衡量。表3-5为模拟电子技术教学模块的划分和考核情况;表3-6为数字电子技术教学模块的划分和考核情况。

表3-5　模拟电子技术教学模块划分和考核

模块划分	理论教学	实验教学	实训教学	模块考核
基础模块	半导体器件	常用电子仪器的使用	基本放大电路设计与制作(8学时)	(1)理论课考核成绩 (2)实验报告成绩 (3)实训报告成绩 (4)学生调查问卷
	放大电路基本原理和分析方法	晶体管共发射极单级放大器		
		晶体管共集电极单级放大器		

表 3－5（续）

模块划分	理论教学	实验教学	实训教学	模块考核
基本电路模块	功率放大电路		功率放大电路设计与制作（8 学时）	（1）理论课考核成绩 （2）实验报告成绩 （3）实训报告成绩 （4）学生调查问卷
	集成运算放大电路	差动放大器		
		集成运算放大器指标测试		
	反馈电路	负反馈放大器		
电路应用模块	模拟信号运算电路	集成运算放大器的应用—运算	信号运算和处理电路的设计与制作（8 学时）	（1）理论课考核成绩 （2）实验报告成绩 （3）实训报告成绩 （4）学生调查问卷
	信号处理电路	集成运算放大器的应用—电压比较器		
综合电路模块	波形发生电路		稳压电源（8 学时）	（1）理论课考核成绩 （2）实训报告成绩 （3）学生调查问卷
	直流电源			
期末考核	（1）理论课期末成绩：(4 个模块平均成绩 + 作业 + 出勤 + 平时表现) × 50% + 1 个期末成绩 × 50% = 期末总成绩（注：三表班比例按规定 6:4） （2）实验课期末成绩 =（实验报告平均成绩 + 出勤 + 平时表现）× 50% + 期末考试成绩 × 50% （3）实训课期末成绩 = 实训报告平均成绩 + 出勤 + 平时表现			

表 3－6　数字电子技术教学模块划分和考核

模块划分	理论教学	实验教学	实训教学	模块考核
基础模块	逻辑代数基础	TTL 逻辑门参数测试	15 种常用数字电路训练（8 学时）	（1）理论课考核成绩 （2）实验报告成绩 （3）实训报告成绩 （4）学生调查问卷
	基本逻辑器件特性			
组合逻辑模块	基础组合逻辑电路	加法器	人体反应速度测试器（8 学时）	（1）理论课考核成绩 （2）实验报告成绩 （3）实训报告成绩 （4）学生调查问卷
	集成组合逻辑电路	译码器		
		数据选择器		

表 3 - 6(续)

模块划分	理论教学	实验教学	实训教学	模块考核
时序电路模块	基础时序逻辑电路	计数器	8 路抢答器 (8 学时)	(1)理论课考核成绩 (2)实验报告成绩 (3)实训报告成绩 (4)学生调查问卷
	集成时序逻辑电路	移位寄存器		
脉冲电路模块	555 时基电路	施密特触发器	NE555 直流电机脉宽调速电路 (8 学时)	(1)理论课考核成绩 (2)实验报告成绩 (3)实训报告成绩 (4)学生调查问卷
	集成脉冲信号处理电路	脉冲信号发生器		
期末考核	(1)理论课期末成绩:(4 个模块平均成绩 + 作业 + 出勤 + 平时表现)×50% + 1 个期末成绩×50% = 期末总成绩(注:3 表班比例按规定 6:4) (2)实验课期末成绩 = (实验报告平均成绩 + 出勤 + 平时表现)×50% + 期末考试成绩×50% (3)实训课期末成绩 = 实训报告平均成绩 + 出勤 + 平时表现			

(3)整合教学大纲

课题组遵循"集中编排,避免重复,相互协调,递进提升"的方式,多维度地对教学内容进行整合,明确课程内容的主次关系、层次关系以及内在联系,科学设计教学内容。我们把同类知识点归纳一起,再按照逻辑顺序将这些知识点按照等级大小排列,这样就将该知识点的零碎内容从小到大归纳成一个整体。这些知识点将进一步被整合为知识单元,知识单元再形成课程。这样环环相扣的梳理方式不仅有助于知识单元、知识点的提炼归纳,更有助于整理出环环相扣的"知识链条",揭示它们彼此之间的联系,从而使教师授课、学生学习时能够有一个更加系统清晰的参考文本。并且知识点的归纳整理、课程的形成都必须经由教师团队讨论之后方可定稿,这样既能保证教师对学科专业知识结构和课程体系建设思想有一个清晰明确的认识,又能避免各课程知识相互覆盖或重复。具体办法如表 3 - 7 所示。

(4)网络教学资源的建设

电子技术(模电 + 数电)课程教学改革尤其重视网络教学资源的建设和使用,本课题组将力争建设一个专门的电子技术课程网站,将能完成网络学习、网络布置作业和网络答疑等,争取建立对应电子技术课程的教师视频公开课。

表3-7　电子技术课程大纲制定原则

类别	内容
总则	以实训项目作为牵引模块化教学,原则上按照理论课的教学进度安排实验和实训教学时间
	理论教学、实验教学和实训教学学时不变,采用分开授课形式,但在教学内容和方法上要协调配合,做到"自成一体,又合而为一"
	在教学过程中,教师建立相互听课制度,取长补短
	利用调查问卷的形式作为了解学生的学习情况,是掌握课改效果的手段之一
理论课教学	统一教学大纲、教案等教学文件(2014级电子和自动化模电课时不一样,可以加以区别),按照模块化进行课程内容的讲授
	在第一次课教师就要把本模块实训项目安排给学生,让学生自己查找资料,并提前完成相应内容。模块的授课内容也要以实训题目为主线。期末考试统一命题,统一阅卷
	考试成绩按50%(平时)+50%(期末试卷)严格评分,其中平时的50%,要按照模块划分给分,同时参考实验和实训成绩(注:三表班比例按规定6∶4)
实验课教学	按照教学团队制定的实验项目完成教学过程,同时,在时间上与理论课协调。在内容上巩固理论知识、培养基本技能,为实训课打下基础
	实验成绩的给出要有评分标准,重视学生实验过程和操作的规范性
	实验大纲、讲稿和实验报告要统一、规范
实训课教学	按照教学团队制定的实训项目完成教学过程,由实训教师和理论课教师共同完成。同时,在时间上与理论课协调,在内容上与实验课内容相区别,起到消化理论知识和培养技能的作用
	统一制定实训大纲、讲稿和其他教学过程文件
	实训成绩的给出要有评分标准,重视学生实训过程和操作的规范性

(5)建立质量保障体系

无论是电子技术课程教学师资队伍团队化建设还是模块化教学的实行,首要的目标都是以学生为本,使学生更好地掌握理论知识并培养应用能力,为技术技能型的人才培养打下基础。因此,需要从教师和学生两方面建立质量保障体系,为电子技术课程的教学改革取得效果提供保证。

①教师方面

教师之间要建立相互交叉听课制度和定期举行教学研讨。其目的就是希望教师之间能互相学习,并了解理论课、实验课和实训课的知识结构间的联系,为一体化教学团队的建设和模块化教学打下良好基础。具体规定如下:中青年教师在一学期之内至少听课两次以上;教学经验丰富的老教师至少听课一次以上。一个教学模块结束举行教学研讨会,对这一模块的学习情况进行总结,得出经验和不足,并对下一模块学习提出改进意见。

②学生方面

每一个模块结束,要向学生下发调查问卷,对学生听课情况和完成情况进行数据统计。主要是分析学生的学习效果,并对学生学习存在的问题和教师教学的情况进行了解,以便不断完善电子技术课程团队化教学改革的方法和措施。

③基于过程监控的考试制度改革

基于过程监控的考试制度改革即变末端考核为过程考核,实施"$N+1$"考试制度,N 为模块考核,1 为期末考核。考试制度的改革要带来教学方法和学习方法的变化,学生自主学习能力和知识综合运用能力要得到提高。并完善实践教学环节的质量标准和控制,对学生实践课过程和效果进行量化考核。

3. 实施过程的时间节点

电子技术(模电 + 数电)课程的教学改革按照团队教学的方式进行,教学内容实行模块化教学,故以往使用的教学大纲、教学教案和讲稿都要进行一定的修改。在修改的过程中,修改者要本着以下原则进行修改:本次教学改革的实施是继承和发扬的一个过程,即把过去本门课程中教学的优点和长处要发扬光大,现在的改革是高校面临新的教育发展形势,为了培养目前和未来社会需求的人才的基础上,进行的一些革新和发展。所以,我们要继承过去,面向未来,以"理论课让学生知道干什么用,实验课让学生懂得怎么用,实训课让学生学会自己用"为教学文件修改的原则,并在相应的教学内容中体现这一原则。因为这是首次对这方面的教学进行改革,很多措施和方法都是"摸着石头过河",可能会存在一些不足之处。为了更好地对教学文件进行修改,本课题组制定以下时间节点,以有利于教学改革的实施和取得更好效果。

(1)理论课和实践课教学进度的安排

原则上以理论课学时进度为准,一个模块结束三个教学环节都要完成相应教学内容。但是基于实际情况,理论课一个教学模块结束后,实验课可以相应延后一周结束,实训课在实验课基础上可以再延后一周结束。理论课教学要向学生灌输实训题目和要求他们完成相应内容。整体上,实践课要使学生更好地掌握理论课内容,并培养基本的实践能力和巩固消化理论知识,保持以实训项目为牵引,理论课内容和实践课内容相辅相成,相互促进。

(2)教学文件的制定和时间节点

由于本次课程改革启动较晚,故在开学初新的教学文件(大纲、教案和讲稿)还没有全部制定完成。特安排以下时间节点,以便教学文件尽快完成。其具体时间节点如表3-8所示。

表3-8 教学文件制定和时间节点

模块	负责情况	教学文件	时间节点
理论课模块	带头教师1作为总负责人,其他成员配合完成	大纲	4月1号之前
		教案、讲稿	5月1号之前
实验课模块	带头教师2作为总负责人,其他成员配合完成	大纲	4月1号之前
		教案、讲稿	5月1号之前
实训课模块	课程负责人作为总负责人,其他成员配合完成	大纲	4月1号之前
		教案、讲稿	5月1号之前
教改方案和教学文件的统稿	课程负责人负责,其他模块负责人负责和配合完成	大纲	4月15号之前
		教案、讲稿	5月15号之前

第四节 学科、专业、课程一体化建设体系

无论是研究型的还是应用型的高等院校,其与研究机构的主要区别就在于它的核心工作是人才培养。胡锦涛主席在清华大学建校100周年大会上的讲话将大学的任务分为四个部分,即人才培养、科学研究、社会服务和文化传承与创新。但主席也在同时指出,高等教育的根本任务是人才培养。也就是说,高等学校的核心工作是本科教学。学校的所有工作都应围绕这个核心展开。如果离开了这一根本任务,其他任务做得再出色,也不能称其为高校。所以,高校的所有工作,都必须含有教育的功能。这一点没有一个高校可以例外。只不过是对不同类型的高校,按照其人才培养规格侧重点不一样。研究型大学主要是培养学科领域高尖端研究人才,所以主要以学科发展来创新学科知识体系为主要目标,以此提高人才培养质量。而应用型本科院校为社会产业化调整培养所需的大批技术应用型人才,所以应主要以调整优化专业结构来满足社会发展对人才不同规格的需求为主要目标,以此来提高应用型人才培养的社会适应性。重新确定学科、专业、课程建设之间的

关系问题,是这类院校所面临的重要课题。

一、应用型本科院校学科、专业、课程一体化建设的必要性

当前,我国不少高等学校在学科建设、专业建设和课程建设中存在一个共性的问题,就是只看到了三者的区别,忽视了它们之间的内在联系。于是它们过多地强调三者之间的差异性,却没有探求三者之间在人才培养中的共同取向,导致了在实际建设中陷入了种种误区,特别是应用型本科院校更为突出。

首先,由于应用型本科院校学科建设由学科办或科研处负责管理,专业建设和课程建设则由教务处负责管理,两个部门之间相互独立,使高校在制定学科建设规划、专业建设规划和课程建设规划缺乏统一性和关联性。三个规划之间矛盾丛生、冲突重重,直接导致了各个二级学院在具体实施过程中无所适从,严重地影响了三大基本建设。其次,由于应用型本科院校无论在人力、物力还是财力上都不能与国家重点建设的高校相比拟,本身资源就匮乏,学科建设、专业建设和课程建设又各自为政,致使人力、物力和财力投入分散,重复建设等问题的存在严重地制约了三大基本建设的进程,同时,也严重地影响了应用型本科院校主要任务的实施。所以,如何针对应用型本科院校主要任务构建合理的学科、专业、课程一体化建设体系势在必行。

二、应用型本科院校学科、专业、课程一体化建设的可行性

原广西大学校长、博士生导师,唐纪良教授在"学科 – 专业一体化建设:动因与路径"中明确了学科、专业一体化建设的内涵:"所谓学科 – 专业一体化建设是指在学科建设过程中,将专业建设的人才培养方案、课程建设、教材建设、专业实验室建设、师资队伍建设、教学与研究基地建设的系统工程纳入学科建设规划,并通过政策制度创新,形成学科建设与专业建设互动机制,促进学科建设提升专业水平,构建品牌专业,提升专业的社会声誉与竞争力。"然而,在他的论述中没有将课程建设作为一个重要关联单元来阐述:"其实重点学科建设、精品课建设和名牌专业建设是当前高校教育、教学评估和改革的几大重点。"

对于应用型本科院校学科、专业、课程一体化建设体系的构建的必要性已不容置疑,那么如何寻找一体化构建的切入点,这就要从三者的内在联系入手。学科、专业、课程的内在联系是学科、专业、课程一体化建设的内在动因。

从三者内涵来看,学科和专业既有区别,又有联系。而课程则是实现学科与专业之间联系的主要中介。学科和专业的区别主要体现如下三个方面:

(1)概念内涵不同,专业是为某种特殊职业做准备的专门知识,学科则指某一科学领域或一门科学的分支;

（2）目标不同，专业是针对人才培养和人才设计而言的，而学科则是针对科学发展和学术创新而言的；

（3）发展变化不同，由于专业随着国家和社会对人才的需求改变而改变，所以具有易变性，而学科的产生和发展则遵循科学研究的规律，相对稳定。

二者联系主要是由课程体系来实现的。由于专业是根据社会需求确定人才培养规格以后，以课程形式将一个或若干个学科组成的知识体系，所以学科与专业之间存在交叉关系。若干个学科构成一个专业，同时也存在一个学科跨度若干个专业（如英语、计算机等）的情况。而学科和专业之间这种内在关联正是通过课程来实现的。一方面，学科知识是构成课程的元素，学科的发展为课程源源不断地提供材料，课程是按照教育学规律对学科知识进行传播、改造和拓展。同时，学科也要根据课程要求进行学科研究。另一方面，专业可以理解为课程的组合形式。课程是构成专业的要素，课程支撑专业。此外，基于社会需求，更具对专业知识结构要求来编制课程体系。所以，从课程的构建目的来看，属于教育范畴，而从其内容来看，则又属于科学范畴。即课程内容关联学科，课程构建目的则关联专业，课程内容和行为的双重性有机地将学科和专业联系起来，这也为学科、专业、课程一体化建设提供了可行性。

三、应用型本科院校学科、专业、课程一体化建设的模式构建

研究型大学的核心工作是学科建设，而应用型本科大学的核心工作是专业建设。所以，学科、专业、课程一体化建设的模式对于这两类院校也是不同的。研究型大学以学科为核心构建学科、专业、课程一体化建设模式，而应用型本科院校则以专业为核心构建学科、专业、课程一体化建设模式。因此，对于应用型本科院校学科、专业、课程之间的关系可以用图3-8来表示。

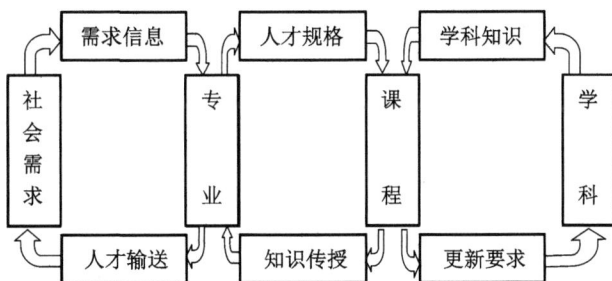

图3-8　结构图

应用型本科院校是根据社会对人才的需求信息来设置专业的,并根据专业人才规格的设计来构建课程体系。根据人才培养的需要,由若干学科来构建课程内容;而课程则通过知识传授来实现专业的人才培养任务,向社会输送所需人才。同时,社会需求对课程内容知识更新的要求,促进学科的创新和发展。应用型本科院校的学科、专业、课程一体化建设模式具体可以通过表3-9来说明。

学科、专业、课程一体化建设模式是通过系列主干课程构成的。首先,根据专业的课程性质,确定若干系列主干课程体系,按照系列主干课程体系确定对应学科,按课程内容和性质凝练学科方向,并由此组建学科队伍。由于学科的内在联系,这样组建的团队,自然就组成了某一领域的科研创新团队。此外,由于学科是按相互关联的系列骨干课程确定的,所以这样的队伍又自然构成了系列课程教学团队。

表3-9 一体化建设模式表

学科一	学科带头人 a1			科研创新团队一			系列主干课程一			教学团队一		支撑专业
方向	学科队伍			×创新团队			×主干课程系列			×教学团队		
序号	名称	方向负责人	梯队	研究方向	负责人	梯队	名称	负责人	课程建设	负责人	梯队	
1	方向一	a1	a2,a3	方向一	a1	a2,a3	课程一	a1	精品课	a1	a2,a3,b1,b2,b3,c1,c2,c3,d1,d2,d3	××专业
2	方向二	b1	b2,b3	方向二	b1	b2,b3	课程二	b1	精品课			
3	方向三	c1	c2,c3	方向三	c1	c2,c3	课程三	c1	精品课			
4	方向四	d1	d2,d3	方向四	d1	d2,d3	课程四	d1	精品课			

表 3 –9（续）

学科基地				重点实验室			教学实验室			教学团队二	
学科二				科研创新团队二			系列主干课程二				
方向		学科队伍		××创新团队			××主干课程系列			××教学团队	
序号	名称	方向负责人	梯队	研究方向	负责人	梯队	名称	负责人	课程建设	负责人	梯队
1	方向一	a1	a2,a3	方向一	a1	a2,a3	课程一	a1	精品课	a1	a2,a3,b1,b2,b3,c1,c2,c3,d1,d2,d3
2	方向二	b1	b2,b3	方向二	b1	b2,b3	课程二	b1	精品课		
3	方向三	c1	c2,c3	方向三	c1	c2,c3	课程三	c1	精品课		
4	方向四	d1	d2,d3	方向四	d1	d2,d3	课程四	d1	精品课		
学科基地				重点实验室			教学实验室			××专业	

这样的学科、专业、课程一体化建设模式具有如下优点。

首先，由于一个团队同时实现了三种功能，可充分集中优势资源进行重点建设。

其次，由于学科方向是按照课程内容和性质凝练的，而课程的内容和性质又是由人才培养规格决定的，人才培养规格又是按照行业或地方经济建设需求而设计的。所以，一方面无论是学科还是课程都容易形成行业特色和地方特色；另一方面这样凝练的学科方向与行业或地方经济建设结合更为紧密，易于产学研的实现，能够更好地服务行业和地方经济建设。

最后，这种一体化建设模式，无论是学科建设成果还是科研成果都与课程紧密联系，所以，自然实现了学科和科研为本科教学服务的目的。

所以学科、专业、课程一体化建设模式,能够充分利用应用型本科院校的有限资源,并以此来实现学校各个办学功能的一致取向,即无论是人才培养、科学研究还是社会服务,都指向行业和地方的经济建设,促进了地方本科院校向应用型本科院校的转变。

虽然学科、专业、课程一体化建设模式思路很清晰,优点也很明显,但想要在部分地方本科院校中实现还是存在一定的障碍。首先,有些地方本科院校中,相当的教学管理人员头脑中还残留研究型大学的办学理念。其次,部分地方本科院校的教学管理人员,对学科、专业、课程内涵认识都不够深入,所以对学科、专业、课程的内在联系挖掘不够深入,很难真正实现一体两翼的建设模式。最后,对于一些新建的专业,师资严重短缺,很难构成一体化建设的团队。

所以,对于应用型本科院校的转型,首先要通过应用型人才培养观念的学习和讨论,统一思想,从学校领导、职能部门到各个二级学院达成应用型本科院校定位的共识;其次要通过组织全体教学管理人员认真学校学科、专业、课程相关文献,通晓三者的内涵,掌握三者所遵循的规律和相互之间的内在联系。而最重要的是,高校对于人才短缺的专业要加大人才引进力度,特别是高水平学科带头人的引进力度。

第五节　"双师双能型"教师队伍建设体系

所谓"双师双能型"教师是指教师既是传道授业解惑的专业技术理论知识教师,又是精通专业行业、企业技术的职业人员,既具有专业知识的理论传授能力,又具有产业行业、企业的实践操作能力。通过前面的论述我们可以知道,应用型人才培养无论是在教学内容与生产实践内容有机融合,还是在教学过程与生产实践过程有机融合,都需要教学的直接执行者——教师。所以教师必须同时掌握本专业理论知识和所对应的行业、企业现行技术和行业规范等企业知识,此外还必须同时具备传道授业执教能力和行业、企业实践技术开发、操作的能力,这才能胜任现代应用型人才培养的执教任务。然而大部分地方本科院校的教师队伍都不能满足这一要求,所以培养建设一支具有"双师双能型"教师队伍也是地方本科院校亟待解决的一个关键问题。

一、地方本科院校师资队伍的现状

下文中,我们从地方本科院校师资队伍的人员来源来分析其现状。

地方本科院校大体可分为三大类。第一类是老牌省属院校。这类院校以综合性大学和师范类居多,虽然随着国家产业结构的调整,不少院校设置相应的工科专业,但大部分教师都是原班人马转型过来的,新进的教师也都是从学校门进学校门,没有经过行业、企业工程实践,所以"双师双能型"教师严重短缺。第二类就是原有的行业学校,即按照地区优势产业设置的单一学科院校(比如根据第一产业设置的农大、林大等,根据第二产业设置的电工学院、重型机械学院、矿业大学等)。这些院校归到地方后,相继向综合大学发展,逐渐脱离了原有的办学特色。特别是一些老的具有工程背景的教师相继退休,新进的教师也是从学校门进学校门,所以这些原本的行业院校也出现了大量教师缺乏工程背景。第三类就是新生本科院校。这类院校占地方本科院校的60%以上,这些院校大多数都是从原有的地方师专升本的,大部分教师都是转型过来的,即便是原有的工程专科学校,升本后也将其发展定位于综合大学,由于规模急剧扩大,造成教师资源严重短缺,所以盲目引进"985""211"院校的硕士、博士毕业生,再加上原有的具有工程背景的教师的自然减员,其原本师资队伍中"双师双能型"教师比例迅速减少。

造成这些地方本科院校"双师双能型"教师严重短缺的原因主要有以下几个问题。

首先,就是原有的院校类型决定的师资队伍类型,在后续的人才引进中又忽视了工程背景这一因素。

其次,是学校定位导向因素决定了其师资队伍建设方向,即盲目向综合性、研究型大学靠拢,使其在师资队伍建设中忽视了"双师双能型"教师的培养和引进。再加上随着国民经济的迅猛发展,行业、企业需要大量有经验的工程技术人员,而且待遇优厚,造成了原有行业院校具有工程背景的教师流失,即便留在学校的具有工程背景的教师,也由于导向的原因,没有及时跟进对应行业、企业先行技术发展,所掌握的生产实践技术已经是十几年前的了,不再适应现代行业、企业技术发展。同时,大多数各地方本科院校又忽视了"双师双能型"教师的培养,没有制定相应的"双师双能型"教师培养体系,致使地方本科院校现行的教师队伍中"双师双能型"教师严重短缺,很难适应转型发展的需求。

所以快速建设一支具有"双师双能型"的教师队伍,是众多地方本科院校现在面临的关键问题。

二、地方本科院校"双师双能型"教师队伍建设途径

既然"双师双能型"教师队伍建设是地方本科院校向应用型转型的关键所在,我们就必须积极探索"双师双能型"教师队伍建设的途径,以此推动转型发展的进程。

要想建设和培养"双师双能型"教师队伍,首先我们就必须要知道什么是"双

师双能型"教师,以及这样的教师应该具备什么样的素质。

对于"双师双能型"教师定义很多,从历史发展来看,最开始这类教师被定义为"双师型"教师,即具有"双证"的教师,也就是具有教师职称证和企业工程师证或专项技能证的教师。这类教师从具有的素质来讲,就是他们同时具有教学经历和企业生产实践经历;同时具有教师必备的基本要素和技术人员必备的要素。这样的定义下的"双师型"教师给学校的导向就是,要么就是现有的学校教师,通过培训拿到工程师证或专项技师证,就可以成为"双师型"教师,要么就是从企业引进具有工程师证或专项技师证的技术人员到学校,经过职称转评实现"双师型"教师的培养。这样做的结果,就造成了原有学校教师只为拿到工程师、技师证,而忽视了真正生产实践技术和能力的培养,使队伍建设有名无实。另外,从企业引进的技术人员由于没有进行过教师基本素质的培养,也不能很好地利用高等教育理论进行执教,还只是技术人员。即便经过长时间的教学一线锻炼,胜任了教师行业,其所具有的工程技术、技能等也都因为长期脱离实践而过时了,只是具备工程素质,没有实际意义。这个定义的缺陷就是忽视了能力的因素,所以最近教育部又提出加快"双师双能型"教师队伍建设,推进地方本科院校向应用型转型。这样定义的"双师"就弥补了原有"双师型"教师的不足。即这个定义保留了原有"双师型"教师的"双师"内涵,同时又增加了可操作的"双能"要素。图3-9就是"双师双能型"教师结构图。

通过图3-9所示的结构图,我们很清晰地掌握了"双师双能型"教师所需具备的要素,针对这些要素,我们可以有针对性地对教师进行培养,为此制订"双师双能型"教师培养方案必将有的放矢,达到事半功倍的效果。

1.组建校企混编教师团队构建"双师双能型"教师团队

通过上面的分析我们明晰了"双师双能型"教师需要具备的几个要素,而要想对于教师单体进行培养,让其达到上述要求,需要时间周期很长,但现阶段地方本院校向应用型转型迫在眉睫。那么如何能够加快"双师双能型"教师队伍的建设,来满足转型发展的需要呢。本课题组通过深入研究和实践总结出了一条快速建设"双师双能型"教师队伍的途径。

首先,我们要分析"双师双能型"教师在执教过程中的作用是什么,那就是"双师双能型"教师利用他的双重身份和双重能力实现教学内容与现行的行业、企业生产实际对接和教学过程与现行的行业、企业生产实践过程对接。只要能实现这一功能,就达到了"双师双能型"教师队伍建设的目的。接下来,就是要找出实现这一功能的途径。那就是利用校企合作组建由教师和企业技术人员联合组建的混编教学团队,改革以往由单一教师授课的形式,采用团队式授课的形式,即前面讲到的理论实践一体化授课模式。即根据课程特点,由混编教学团队对教学内容进行

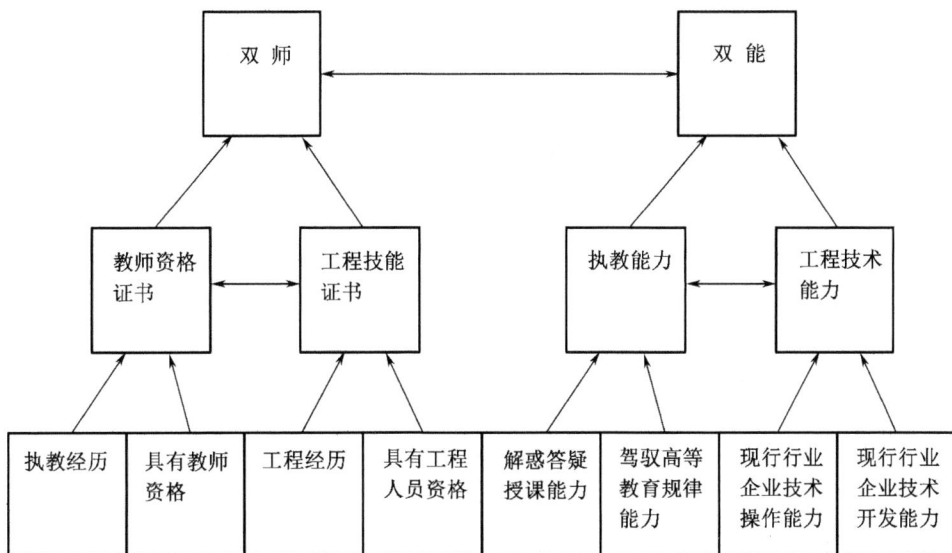

图 3 - 9　"双师双能型"教师结构

归类,将其按照生产作品案例分成若干个单元,构建理论、实验、实训、见习和嵌入学科竞赛一体化课程体系,实现教学内容与生产实际对接。同时,在单元授课的时候,基础理论课应由学校教师结合生产案例来讲授,让学生知道理论知识有什么用;实验课由具有实践教学经验的实验教师来授课,让学生知道理论联系实际怎么用;生产案例作品的实训课由企业技术人员指导学生来做,让学生学会自己用,同时,结合教学内容由企业技术人员带领学生到生产实践中进行生产见习,让学生掌握实际中如何应用,并通过将学科竞赛的作品嵌入到教学实训作品中的作法,让学生锻炼创新应用。这样一个单元下来,理论课结束马上进行实验、实训、见习等,实现了以"五用"为主线的理论实践一体化教学,完全实现了"双师双能型"教师在教学过程中的功能,即用团队效应弥补单体教师工程技术要素不足和工程技术人员执教要素的不足。这就是通过校企合作组建混编教学团队,实现团队式"双师双能型"教师的功效。同时,在团队教学过程中,学校教师也得到"双师双能型"教师各要素的培养和锻炼。图 3 - 10 就是"双师双能型"混编教学团队的功能结构图。

　　当然,为了更好地实现"双师双能型"教师队伍的功能,地方本科院校还要对教师单体进行培养。要想培养单体教师"双师双能型"素质,主要需要培养高校教师工程素质。那么如何培养,就是关键问题。教育统一性原则告诉我们,要想培养人才哪方面的素质就为其营造相应的环境,将其置于该环境中,使其亲身经历,这是最好的人才培养途径。所以,对于培养高校教师工程素质来说,为其构建什么样

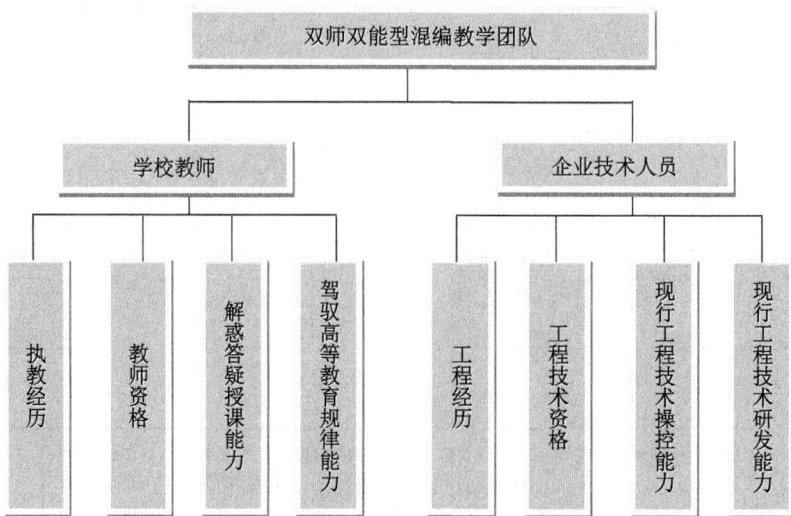

图 3 - 10   "双师双能型"混编教学团队的功能结构

的工程环境,怎样构建是培养教师单体"双师双能型"素质的关键。为此,本课题组针对"双师双能型"教师所应具备的要素,通过研究和实践探索出了以下"双师双能型"教师单体培养途径。

2. 基地融合式"双师双能型"教师培养模式

作为高校教师他们已经具备了教师应该具备的要素,所缺的是工程技术要素。那么要想培养他们具有工程技术要素,就要为他们营造真实的工程环境,而由于课业量很大,将大多数教师派到所对应的行业、企业进行长期锻炼是不现实的。所以,校企合作联合共建创新实训基地是一条很好的途径。首先,高校应针对本地区的行业特点,寻找所对应的企业,通过校企合作联合共建研发基地、实训基地等平台,并依托平台组建由学校教师和企业技术人员共同参与的混编科研团队,通过基地和混编团队对本地区行业、企业进行技术咨询、技术服务以及承揽工程项目等。即通过校企合作进行的产研结合,将现行行业、企业研发工程中心搬到学校,让教师可以在课余时间同企业技术人员一起从事技术开发、技术咨询、技术服务以及工程项目等技术工作。也就是说,为教师在校园内营造一个真实的行业、企业工程技术操作及研发平台,使教师随时随地就可以从事工程实践工作,得到工程素质的培养。这既解决了教师课业量大与实践锻炼周期长的矛盾,又达到了"双师双能型"教师工程要素的培养目标。当然,基地更注重的是能力和经历的培养,如果要实现工程技术资格培养,还需要政府和相关行业的介入。图 3 - 11 是产学研创新基地功能结构图。

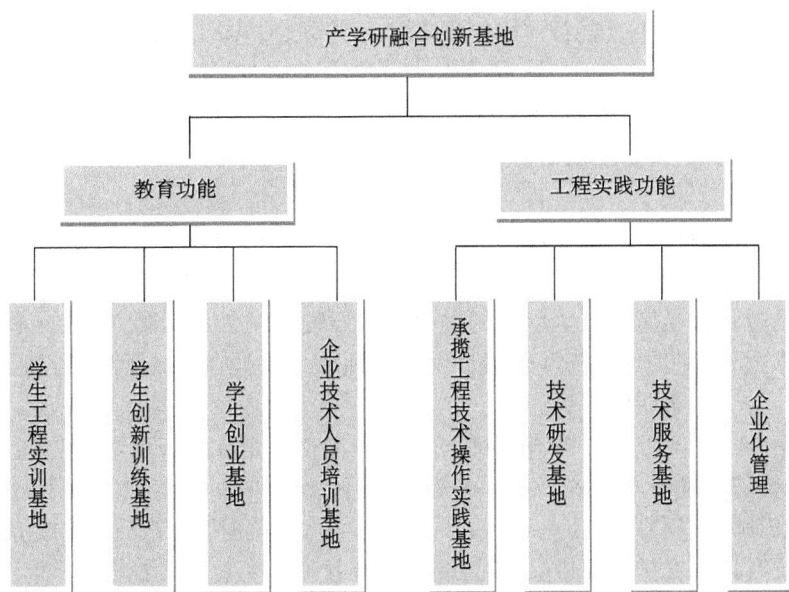

图 3 – 11　产学研创新基地功能结构

3. 项目牵动式"双师双能型"教师培养模式

上文中我们通过校企合作构建产学研创新基地来为高校教师营造了真实的行业、企业工程环境。除此之外，我们还可以通过承接各种技术应用项目以此来营造工程技术环境。因为项目执行的过程就是技术应用、开发的过程。应用技术项目类型有很多，这里只列举我们实践的几种类型。

第一类是承接本地区企业横向技术课题，通过课题了解本地区企业现行技术领域现状以及存在的问题，并通过课题的研发为本地企业解决技术存在的问题。项目研发过程就是行业、企业某技术领域的技术概括和创新过程，而项目承接者在项目研发过程中所扮演的角色就是企业的技术人员。因此，在项目的研发过程中得到了工程素质的锻炼。

第二类是学校工程训练中心建设项目。以自动化专业 PLC 控制工程训练中心建设为例，我国现行的 PLC 控制核心技术大多应用通用电气和西门子控制单元；但控制对象则是多种多样，如结合油田控制对象比较典型的就是油水处理综合联合站，那么为了使实训中心与地方生产实际紧密结合，就需要将控制对象建设成油田综合联合站。承建这一项目，厂商只负责控制核心模块的建设，由于他们对油田的联合站工作流程及技术规范掌握不确切，所以只能由我们自己的实训教师来设计建设。这时就需要教师要到联合站实地进行考察,以便详细掌握联合站的工作流程以及技术标准。通过详细的调研,才能按照比例实体缩小,将联合站搬到实训室。在整个实地考察的过程中,对联合站的工作流程、技术规范等都有精准的掌握,即掌握了综合联合站的操作、维修以及升级改造的技术。教师就得到了工程素质的锻炼。

4.学科竞赛、大学生创新创业项目、实习、见习指导联动式"双师双能型"教师培养模式

除了上面两种营造工程环境培养教师单体"双师双能型"素质之外,在指导学生各种实践过程中,教师也可以得到工程素质的训练。如学科竞赛、学科竞赛的作品制作的过程就是应用技术创新的过程。例如物联网创新大赛、电子技术大赛以及机器人大赛,都是现代技术应用且创新的训练。教师在指导学生的过程中对自身也是一种工程素质的锻炼。

而指导学生实习过程中,教师和学生会一起待在企业生产现场,作为企业的准职员,完全按照企业的规范工作。一般情况下,这样的集中实习为3个月至5个月,带队教师可以利用与企业导师共同指导学生过程中得到工程素质锻炼。也就是学院要有计划安排教师带队实习,同时带有教师工程素质培养任务,学生实习结束企业也要对教师实践锻炼情况进行考核,给出结论。也就是说,学生实习结束,教师阶段式实践锻炼也就结束了。带队教师要按照培养规划,分批分拨选派,尽量不要重复选派,当全体教师都轮一轮后,在从新制订规划,进行下一轮的培养。

5.专项培训式"双师双能型"教师培养模式

前文提及的方面都只是注重能力方面的培养,而关于工程技术资格方面的培养,可以采取定向专门培养的方式来进行,这就要求学校要与相关的技术管理本门建立紧密联系,为教师获得各种技能证书提供条件。即学校与相关技术管理部门建立联动机制,在测试培训、测试基地等方面建立广泛的合作。此外,高校可制订教师技能专项培训规划,对具备一定工程经历和工程技术能力的教师,定期组织他们进行专项培训。并在教师通过培训后,参加由相应技术管理部门组织的大家公认的技术、技能等级证的测试,获得相关技术、技能证书,以此让教师在获得工程能力和工程经历后,再获得工程认证。

总之,"双师双能型"教师队伍的建设是地方本科院校转型发展的关键因素,所以,地方本科院校首先必须提高认识,将"双师双能型"教师队伍建设置于学校重中之重的位置,集全校之力加以建设;其次,各地方本科院校还要制定相应的政策,提高"双师双能型"的待遇和条件,例如增加"双师双能型"教师津贴,在评职晋级中具有优先晋级等优厚条件,并以此为导向鼓励二级学院和教师本人进行"双师双能型"教师素质的培养和训练。此外,院校还要与行业、企业以及技术管理部门建立广泛的合作关系,为培养"双师双能型"教师提供平台。

附录 A 全国普通本科高等学校名录

（按学校办学层次和机构代码排序）

序号	学校名称	主管部门	所在地	办学层次	备注
北京市(66 所)					
1	北京大学	教育部	北京市	本科	
2	中国人民大学	教育部	北京市	本科	
3	清华大学	教育部	北京市	本科	
4	北京交通大学	教育部	北京市	本科	
5	北京工业大学	北京市	北京市	本科	
6	北京航空航天大学	工业和信息化部	北京市	本科	
7	北京理工大学	工业和信息化部	北京市	本科	
8	北京科技大学	教育部	北京市	本科	
9	北方工业大学	北京市	北京市	本科	
10	北京化工大学	教育部	北京市	本科	
11	北京工商大学	北京市	北京市	本科	
12	北京服装学院	北京市	北京市	本科	
13	北京邮电大学	教育部	北京市	本科	
14	北京印刷学院	北京市	北京市	本科	
15	北京建筑大学	北京市	北京市	本科	
16	北京石油化工学院	北京市	北京市	本科	
17	北京电子科技学院	中央办公厅	北京市	本科	
18	中国农业大学	教育部	北京市	本科	
19	北京农学院	北京市	北京市	本科	
20	北京林业大学	教育部	北京市	本科	

序号	学校名称	主管部门	所在地	办学层次	备注
21	北京协和医学院	国家卫生和计划生育委员会	北京市	本科	
22	首都医科大学	北京市	北京市	本科	
23	北京中医药大学	教育部	北京市	本科	
24	北京师范大学	教育部	北京市	本科	
25	首都师范大学	北京市	北京市	本科	
26	首都体育学院	北京市	北京市	本科	
27	北京外国语大学	教育部	北京市	本科	
28	北京第二外国语学院	北京市	北京市	本科	
29	北京语言大学	教育部	北京市	本科	
30	中国传媒大学	教育部	北京市	本科	
31	中央财经大学	教育部	北京市	本科	
32	对外经济贸易大学	教育部	北京市	本科	
33	北京物资学院	北京市	北京市	本科	
34	首都经济贸易大学	北京市	北京市	本科	
35	外交学院	外交部	北京市	本科	
36	中国人民公安大学	公安部	北京市	本科	
37	国际关系学院	教育部	北京市	本科	
38	北京体育大学	国家体育总局	北京市	本科	
39	中央音乐学院	教育部	北京市	本科	
40	中国音乐学院	北京市	北京市	本科	
41	中央美术学院	教育部	北京市	本科	
42	中央戏剧学院	教育部	北京市	本科	
43	中国戏曲学院	北京市	北京市	本科	
44	北京电影学院	北京市	北京市	本科	
45	北京舞蹈学院	北京市	北京市	本科	
46	中央民族大学	国家民委	北京市	本科	
47	中国政法大学	教育部	北京市	本科	

序号	学校名称	主管部门	所在地	办学层次	备注
48	华北电力大学	教育部	北京市	本科	
49	中华女子学院	中华妇女联合会	北京市	本科	
50	北京信息科技大学	北京市	北京市	本科	
51	中国矿业大学(北京)	教育部	北京市	本科	
52	中国石油大学(北京)	教育部	北京市	本科	
53	中国地质大学(北京)	教育部	北京市	本科	
54	北京联合大学	北京市	北京市	本科	
55	北京城市学院	北京市教委	北京市	本科	民办
56	中国青年政治学院	共青团中央	北京市	本科	
57	首钢工学院	北京市	北京市	本科	
58	中国劳动关系学院	中华全国总工会	北京市	本科	
59	北京吉利学院	北京市教委	北京市	本科	民办
60	首都师范大学科德学院	北京市教委	北京市	本科	民办
61	北京工商大学嘉华学院	北京市教委	北京市	本科	民办
62	北京邮电大学世纪学院	北京市教委	北京市	本科	民办
63	北京工业大学耿丹学院	北京市教委	北京市	本科	民办
64	北京警察学院	北京市	北京市	本科	
65	北京第二外国语学院中瑞酒店管理学院	北京市教委	北京市	本科	民办
66	中国科学院大学	中国科学院	北京市	本科	
天津市(29 所)					
67	南开大学	教育部	天津市	本科	
68	天津大学	教育部	天津市	本科	
69	天津科技大学	天津市	天津市	本科	
70	天津工业大学	天津市	天津市	本科	
71	中国民航大学	交通运输部	天津市	本科	
72	天津理工大学	天津市	天津市	本科	
73	天津农学院	天津市	天津市	本科	

序号	学校名称	主管部门	所在地	办学层次	备注
74	天津医科大学	天津市	天津市	本科	
75	天津中医药大学	天津市	天津市	本科	
76	天津师范大学	天津市	天津市	本科	
77	天津职业技术师范大学	天津市	天津市	本科	
78	天津外国语大学	天津市	天津市	本科	
79	天津商业大学	天津市	天津市	本科	
80	天津财经大学	天津市	天津市	本科	
81	天津体育学院	天津市	天津市	本科	
82	天津音乐学院	天津市	天津市	本科	
83	天津美术学院	天津市	天津市	本科	
84	天津城建大学	天津市	天津市	本科	
85	天津天狮学院	天津市教委	天津市	本科	民办
86	天津外国语大学滨海外事学院	天津市教委	天津市	本科	民办
87	天津体育学院运动与文化艺术学院	天津市教委	天津市	本科	民办
88	天津商业大学宝德学院	天津市教委	天津市	本科	民办
89	天津医科大学临床医学院	天津市教委	天津市	本科	民办
90	南开大学滨海学院	天津市教委	天津市	本科	民办
91	天津师范大学津沽学院	天津市教委	天津市	本科	民办
92	天津理工大学中环信息学院	天津市教委	天津市	本科	民办
93	北京科技大学天津学院	天津市教委	天津市	本科	民办
94	天津大学仁爱学院	天津市教委	天津市	本科	民办
95	天津财经大学珠江学院	天津市教委	天津市	本科	民办
河北省（109 所）					
96	河北大学	河北省	保定市	本科	
97	河北工程大学	河北省	邯郸市	本科	
98	石家庄经济学院	河北省	石家庄市	本科	

序号	学校名称	主管部门	所在地	办学层次	备注
99	河北工业大学	河北省	天津市	本科	
100	华北理工大学	河北省	唐山市	本科	
101	河北科技大学	河北省	石家庄市	本科	
102	河北建筑工程学院	河北省	张家口市	本科	
103	河北农业大学	河北省	保定市	本科	
104	河北医科大学	河北省	石家庄市	本科	
105	河北北方学院	河北省	张家口市	本科	
106	承德医学院	河北省	承德市	本科	
107	河北师范大学	河北省	石家庄市	本科	
108	保定学院	河北省	保定市	本科	
109	河北民族师范学院	河北省	承德市	本科	
110	唐山师范学院	河北省	唐山市	本科	
111	廊坊师范学院	河北省	廊坊市	本科	
112	衡水学院	河北省	衡水市	本科	
113	石家庄学院	河北省	石家庄市	本科	
114	邯郸学院	河北省	邯郸市	本科	
115	邢台学院	河北省	邢台市	本科	
116	沧州师范学院	河北省	沧州市	本科	
117	石家庄铁道大学	河北省	石家庄市	本科	
118	燕山大学	河北省	秦皇岛市	本科	
119	河北科技师范学院	河北省	秦皇岛市	本科	
120	唐山学院	河北省	唐山市	本科	
121	华北科技学院	国家安全生产监督管理总局	廊坊市	本科	
122	中国人民武装警察部队学院	公安部	廊坊市	本科	
123	河北体育学院	河北省	石家庄市	本科	
124	河北金融学院	河北省	保定市	本科	
125	北华航天工业学院	河北省	廊坊市	本科	

序号	学校名称	主管部门	所在地	办学层次	备注
126	防灾科技学院	中国地震局	廊坊市	本科	
127	河北经贸大学	河北省	石家庄市	本科	
128	中央司法警官学院	司法部	保定市	本科	
129	河北传媒学院	河北省教育厅	石家庄市	本科	民办
130	河北工程技术学院	河北省教育厅	石家庄市	本科	民办
131	河北美术学院	河北省教育厅	石家庄市	本科	民办
132	河北科技学院	河北省教育厅	保定市	本科	民办
133	河北外国语学院	河北省教育厅	石家庄市	本科	民办
134	河北大学工商学院	河北省教育厅	保定市	本科	民办
135	华北理工大学轻工学院	河北省教育厅	唐山市	本科	民办
136	河北科技大学理工学院	河北省教育厅	石家庄市	本科	民办
137	河北师范大学汇华学院	河北省教育厅	石家庄市	本科	民办
138	河北经贸大学经济管理学院	河北省教育厅	石家庄市	本科	民办
139	河北医科大学临床学院	河北省教育厅	石家庄市	本科	民办
140	华北电力大学科技学院	河北省教育厅	保定市	本科	民办
141	河北工程大学科信学院	河北省教育厅	邯郸市	本科	民办
142	河北工业大学城市学院	河北省教育厅	廊坊市	本科	民办
143	燕山大学里仁学院	河北省教育厅	秦皇岛市	本科	民办
144	石家庄铁道大学四方学院	河北省教育厅	石家庄市	本科	民办
145	石家庄经济学院华信学院	河北省教育厅	石家庄市	本科	民办
146	河北农业大学现代科技学院	河北省教育厅	保定市	本科	民办
147	华北理工大学冀唐学院	河北省教育厅	唐山市	本科	民办
148	中国地质大学长城学院	河北省教育厅	保定市	本科	民办
149	燕京理工学院	河北省教育厅	廊坊市	本科	民办
150	北京中医药大学东方学院	河北省教育厅	廊坊市	本科	民办
151	北京交通大学海滨学院	河北省教育厅	沧州市	本科	民办
152	河北中医学院	河北省	石家庄市	本科	
204	张家口学院	河北省	张家口市	本科	

序号	学校名称	主管部门	所在地	办学层次	备注
山西省(31所)					
205	山西大学	山西省	太原市	本科	
206	太原科技大学	山西省	太原市	本科	
207	中北大学	山西省	太原市	本科	
208	太原理工大学	山西省	太原市	本科	
209	山西农业大学	山西省	晋中市	本科	
210	山西医科大学	山西省	太原市	本科	
211	长治医学院	山西省	长治市	本科	
212	山西师范大学	山西省	临汾市	本科	
213	太原师范学院	山西省	太原市	本科	
214	山西大同大学	山西省	大同市	本科	
215	晋中学院	山西省	晋中市	本科	
216	长治学院	山西省	长治市	本科	
217	运城学院	山西省	运城市	本科	
218	忻州师范学院	山西省	忻州市	本科	
219	山西财经大学	山西省	太原市	本科	
220	山西中医学院	山西省	太原市	本科	
221	吕梁学院	山西省	吕梁市	本科	
222	太原学院	山西省	太原市	本科	
223	山西应用科技学院	山西省教育厅	太原市	本科	民办
224	山西大学商务学院	山西省教育厅	太原市	本科	民办
225	太原理工大学现代科技学院	山西省教育厅	太原市	本科	民办
226	山西农业大学信息学院	山西省教育厅	晋中市	本科	民办
227	山西师范大学现代文理学院	山西省教育厅	临汾市	本科	民办
228	中北大学信息商务学院	山西省教育厅	太原市	本科	民办
229	太原科技大学华科学院	山西省教育厅	太原市	本科	民办
230	山西医科大学晋祠学院	山西省教育厅	太原市	本科	民办
231	山西财经大学华商学院	山西省教育厅	太原市	本科	民办

序号	学校名称	主管部门	所在地	办学层次	备注
232	山西工商学院	山西省教育厅	太原市	本科	民办
233	太原工业学院	山西省	太原市	本科	
234	山西传媒学院	山西省	太原市	本科	
235	山西工程技术学院	山西省	阳泉市	本科	
内蒙古自治区（17 所）					
236	内蒙古大学	内蒙古自治区	呼和浩特市	本科	
237	内蒙古科技大学	内蒙古自治区	包头市	本科	
238	内蒙古工业大学	内蒙古自治区	呼和浩特市	本科	
239	内蒙古农业大学	内蒙古自治区	呼和浩特市	本科	
240	内蒙古医科大学	内蒙古自治区	呼和浩特市	本科	
241	内蒙古师范大学	内蒙古自治区	呼和浩特市	本科	
242	内蒙古民族大学	内蒙古自治区	通辽市	本科	
243	赤峰学院	内蒙古自治区	赤峰市	本科	
244	内蒙古财经大学	内蒙古自治区	呼和浩特市	本科	
245	呼伦贝尔学院	内蒙古自治区	呼伦贝尔市	本科	
246	集宁师范学院	内蒙古自治区	乌兰察布市	本科	
247	河套学院	内蒙古自治区	巴彦淖尔市	本科	
248	呼和浩特民族学院	内蒙古自治区	呼和浩特市	本科	
249	内蒙古大学创业学院	内蒙古自治区教育厅	呼和浩特市	本科	民办
250	内蒙古师范大学鸿德学院	内蒙古自治区教育厅	呼和浩特市	本科	民办
251	内蒙古艺术学院	内蒙古自治区	呼和浩特市	本科	
252	鄂尔多斯应用技术学院	内蒙古自治区	鄂尔多斯市	本科	
辽宁省（65 所）					
253	辽宁大学	辽宁省	沈阳市	本科	
254	大连理工大学	教育部	大连市	本科	
255	沈阳工业大学	辽宁省	沈阳市	本科	
256	沈阳航空航天大学	辽宁省	沈阳市	本科	
257	沈阳理工大学	辽宁省	沈阳市	本科	

序号	学校名称	主管部门	所在地	办学层次	备注
258	东北大学	教育部	沈阳市	本科	
259	辽宁科技大学	辽宁省	鞍山市	本科	
260	辽宁工程技术大学	辽宁省	阜新市	本科	
261	辽宁石油化工大学	辽宁省	抚顺市	本科	
262	沈阳化工大学	辽宁省	沈阳市	本科	
263	大连交通大学	辽宁省	大连市	本科	
264	大连海事大学	交通运输部	大连市	本科	
265	大连工业大学	辽宁省	大连市	本科	
266	沈阳建筑大学	辽宁省	沈阳市	本科	
267	辽宁工业大学	辽宁省	锦州市	本科	
268	沈阳农业大学	辽宁省	沈阳市	本科	
269	大连海洋大学	辽宁省	大连市	本科	
270	中国医科大学	辽宁省	沈阳市	本科	
271	辽宁医学院	辽宁省	锦州市	本科	
272	大连医科大学	辽宁省	大连市	本科	
273	辽宁中医药大学	辽宁省	沈阳市	本科	
274	沈阳药科大学	辽宁省	沈阳市	本科	
275	沈阳医学院	辽宁省	沈阳市	本科	
276	辽宁师范大学	辽宁省	大连市	本科	
277	沈阳师范大学	辽宁省	沈阳市	本科	
278	渤海大学	辽宁省	锦州市	本科	
279	鞍山师范学院	辽宁省	鞍山市	本科	
280	大连外国语大学	辽宁省	大连市	本科	
281	东北财经大学	辽宁省	大连市	本科	
282	中国刑事警察学院	公安部	沈阳市	本科	
283	沈阳体育学院	辽宁省	沈阳市	本科	
284	沈阳音乐学院	辽宁省	沈阳市	本科	
285	鲁迅美术学院	辽宁省	沈阳市	本科	

序号	学校名称	主管部门	所在地	办学层次	备注
286	辽宁对外经贸学院	辽宁省教育厅	大连市	本科	民办
287	沈阳大学	辽宁省	沈阳市	本科	
288	大连大学	辽宁省	大连市	本科	
289	辽宁科技学院	辽宁省	本溪市	本科	
290	辽宁警察学院	辽宁省	大连市	本科	
291	沈阳工程学院	辽宁省	沈阳市	本科	
292	辽东学院	辽宁省	丹东市	本科	
293	大连民族大学	国家民委	大连市	本科	
294	大连理工大学城市学院	辽宁省教育厅	大连市	本科	民办
295	沈阳工业大学工程学院	辽宁省教育厅	辽阳市	本科	民办
296	沈阳航空航天大学北方科技学院	辽宁省教育厅	沈阳市	本科	民办
297	沈阳工学院	辽宁省教育厅	沈阳市	本科	民办
298	大连工业大学艺术与信息工程学院	辽宁省教育厅	大连市	本科	民办
299	大连科技学院	辽宁省教育厅	大连市	本科	民办
300	沈阳城市建设学院	辽宁省教育厅	沈阳市	本科	民办
301	中国医科大学临床医药学院	辽宁省教育厅	沈阳市	本科	民办
302	大连医科大学中山学院	辽宁省教育厅	大连市	本科	民办
303	辽宁医学院医疗学院	辽宁省教育厅	锦州市	本科	民办
304	辽宁师范大学海华学院	辽宁省教育厅	沈阳市	本科	民办
305	辽宁理工学院	辽宁省教育厅	锦州市	本科	民办
306	大连财经学院	辽宁省教育厅	大连市	本科	民办
307	沈阳城市学院	辽宁省教育厅	沈阳市	本科	民办
308	辽宁科技大学信息技术学院	辽宁省教育厅	鞍山市	本科	民办
309	辽宁石油化工大学顺华能源学院	辽宁省教育厅	抚顺市	本科	民办
310	大连艺术学院	辽宁省教育厅	大连市	本科	民办

序号	学校名称	主管部门	所在地	办学层次	备注
311	辽宁中医药大学杏林学院	辽宁省教育厅	沈阳市	本科	民办
312	辽宁何氏医学院	辽宁省教育厅	沈阳市	本科	民办
313	沈阳化工大学科亚学院	辽宁省教育厅	沈阳市	本科	民办
314	大连东软信息学院	辽宁省教育厅	大连市	本科	民办
315	辽宁财贸学院	辽宁省教育厅	葫芦岛市	本科	民办
316	辽宁传媒学院	辽宁省教育厅	沈阳市	本科	民办
317	营口理工学院	辽宁省	营口市	本科	
吉林省(37 所)					
318	吉林大学	教育部	长春市	本科	
319	延边大学	吉林省	延边朝鲜族自治州	本科	
320	长春理工大学	吉林省	长春市	本科	
321	东北电力大学	吉林省	吉林市	本科	
322	长春工业大学	吉林省	长春市	本科	
323	吉林建筑大学	吉林省	长春市	本科	
324	吉林化工学院	吉林省	吉林市	本科	
325	吉林农业大学	吉林省	长春市	本科	
326	长春中医药大学	吉林省	长春市	本科	
327	东北师范大学	教育部	长春市	本科	
328	北华大学	吉林省	吉林市	本科	
329	通化师范学院	吉林省	通化市	本科	
330	吉林师范大学	吉林省	四平市	本科	
331	吉林工程技术师范学院	吉林省	长春市	本科	
332	长春师范大学	吉林省	长春市	本科	
333	白城师范学院	吉林省	白城市	本科	
334	吉林财经大学	吉林省	长春市	本科	
335	吉林体育学院	吉林省	长春市	本科	
336	吉林艺术学院	吉林省	长春市	本科	

序号	学校名称	主管部门	所在地	办学层次	备注
337	吉林华桥外国语学院	吉林省教育厅	长春市	本科	民办
338	吉林工商学院	吉林省	长春市	本科	
339	长春工程学院	吉林省	长春市	本科	
340	吉林农业科技学院	吉林省	吉林市	本科	
341	吉林警察学院	吉林省	长春市	本科	
342	长春大学	吉林省	长春市	本科	
343	长春光华学院	吉林省教育厅	长春市	本科	民办
344	长春工业大学人文信息学院	吉林省教育厅	长春市	本科	民办
345	长春理工大学光电信息学院	吉林省教育厅	长春市	本科	民办
346	长春财经学院	吉林省教育厅	长春市	本科	民办
347	吉林建筑大学城建学院	吉林省教育厅	长春市	本科	民办
348	长春建筑学院	吉林省教育厅	长春市	本科	民办
349	长春科技学院	吉林省教育厅	长春市	本科	民办
350	吉林动画学院	吉林省教育厅	长春市	本科	民办
351	吉林师范大学博达学院	吉林省教育厅	四平市	本科	民办
352	长春大学旅游学院	吉林省教育厅	长春市	本科	民办
353	东北师范大学人文学院	吉林省教育厅	长春市	本科	民办
354	吉林医药学院	吉林省	吉林市	本科	
黑龙江省(38 所)					
355	黑龙江大学	黑龙江省	哈尔滨市	本科	
356	哈尔滨工业大学	工业和信息化部	哈尔滨市	本科	
357	哈尔滨理工大学	黑龙江省	哈尔滨市	本科	
358	哈尔滨工程大学	工业和信息化部	哈尔滨市	本科	
359	黑龙江科技大学	黑龙江省	哈尔滨市	本科	
360	东北石油大学	黑龙江省	大庆市	本科	
361	佳木斯大学	黑龙江省	佳木斯市	本科	
362	黑龙江八一农垦大学	黑龙江省	大庆市	本科	
363	东北农业大学	黑龙江省	哈尔滨市	本科	

序号	学校名称	主管部门	所在地	办学层次	备注
364	东北林业大学	教育部	哈尔滨市	本科	
365	哈尔滨医科大学	黑龙江省	哈尔滨市	本科	
366	黑龙江中医药大学	黑龙江省	哈尔滨市	本科	
367	牡丹江医学院	黑龙江省	牡丹江市	本科	
368	哈尔滨师范大学	黑龙江省	哈尔滨市	本科	
369	齐齐哈尔大学	黑龙江省	齐齐哈尔市	本科	
370	牡丹江师范学院	黑龙江省	牡丹江市	本科	
371	哈尔滨学院	黑龙江省	哈尔滨市	本科	
372	大庆师范学院	黑龙江省	大庆市	本科	
373	绥化学院	黑龙江省	绥化市	本科	
374	哈尔滨商业大学	黑龙江省	哈尔滨市	本科	
375	哈尔滨体育学院	黑龙江省	哈尔滨市	本科	
376	哈尔滨金融学院	黑龙江省	哈尔滨市	本科	
377	齐齐哈尔医学院	黑龙江省	齐齐哈尔市	本科	
378	黑龙江工业学院	黑龙江省	鸡西市	本科	
379	黑龙江东方学院	黑龙江省教育厅	哈尔滨市	本科	民办
380	哈尔滨信息工程学院	黑龙江省教育厅	哈尔滨市	本科	民办
381	黑龙江工程学院	黑龙江省	哈尔滨市	本科	
382	齐齐哈尔工程学院	黑龙江省教育厅	齐齐哈尔市	本科	民办
383	黑龙江外国语学院	黑龙江省教育厅	哈尔滨市	本科	民办
384	黑龙江财经学院	黑龙江省教育厅	哈尔滨市	本科	民办
385	哈尔滨石油学院	黑龙江省教育厅	哈尔滨市	本科	民办
386	黑龙江工商学院	黑龙江省教育厅	哈尔滨市	本科	民办
387	哈尔滨远东理工学院	黑龙江省教育厅	哈尔滨市	本科	民办
388	哈尔滨剑桥学院	黑龙江省教育厅	哈尔滨市	本科	民办
389	黑龙江工程学院昆仑旅游学院	黑龙江省教育厅	哈尔滨市	本科	民办
390	哈尔滨广厦学院	黑龙江省教育厅	哈尔滨市	本科	民办

序号	学校名称	主管部门	所在地	办学层次	备注
391	哈尔滨华德学院	黑龙江省教育厅	哈尔滨市	本科	民办
392	黑河学院	黑龙江省	黑河市	本科	
上海市（38 所）					
393	复旦大学	教育部	上海市	本科	
394	同济大学	教育部	上海市	本科	
395	上海交通大学	教育部	上海市	本科	
396	华东理工大学	教育部	上海市	本科	
397	上海理工大学	上海市	上海市	本科	
398	上海海事大学	上海市	上海市	本科	
399	东华大学	教育部	上海市	本科	
400	上海电力学院	上海市	上海市	本科	
401	上海应用技术学院	上海市	上海市	本科	
402	上海健康医学院	上海市	上海市	本科	
403	上海海洋大学	上海市	上海市	本科	
404	上海中医药大学	上海市	上海市	本科	
405	华东师范大学	教育部	上海市	本科	
406	上海师范大学	上海市	上海市	本科	
407	上海外国语大学	教育部	上海市	本科	
408	上海财经大学	教育部	上海市	本科	
409	上海对外经贸大学	上海市	上海市	本科	
410	上海海关学院	海关总署	上海市	本科	
411	华东政法大学	上海市	上海市	本科	
412	上海体育学院	上海市	上海市	本科	
413	上海音乐学院	上海市	上海市	本科	
414	上海戏剧学院	上海市	上海市	本科	
415	上海大学	上海市	上海市	本科	
416	上海工程技术大学	上海市	上海市	本科	
417	上海立信会计学院	上海市	上海市	本科	

序号	学校名称	主管部门	所在地	办学层次	备注
418	上海电机学院	上海市	上海市	本科	
419	上海金融学院	上海市	上海市	本科	
420	上海杉达学院	上海市教委	上海市	本科	民办
421	上海政法学院	上海市	上海市	本科	
422	上海第二工业大学	上海市	上海市	本科	
423	上海商学院	上海市	上海市	本科	
424	上海建桥学院	上海市教委	上海市	本科	民办
425	上海兴伟学院	上海市教委	上海市	本科	民办
426	上海视觉艺术学院	上海市教委	上海市	本科	民办
427	上海外国语大学贤达经济人文学院	上海市教委	上海市	本科	民办
428	上海师范大学天华学院	上海市教委	上海市	本科	民办
429	上海科技大学	上海市中国科学院	上海市	本科	
430	上海纽约大学	上海市教委	上海市	本科	中外合作办学
江苏省(77 所)					
431	南京大学	教育部	南京市	本科	
432	苏州大学	江苏省	苏州市	本科	
433	东南大学	教育部	南京市	本科	
434	南京航空航天大学	工业和信息化部	南京市	本科	
435	南京理工大学	工业和信息化部	南京市	本科	
436	江苏科技大学	江苏省	镇江市	本科	
437	中国矿业大学	教育部	徐州市	本科	
438	南京工业大学	江苏省	南京市	本科	
439	常州大学	江苏省	常州市	本科	
440	南京邮电大学	江苏省	南京市	本科	
441	河海大学	教育部	南京市	本科	
442	江南大学	教育部	无锡市	本科	

序号	学校名称	主管部门	所在地	办学层次	备注
443	南京林业大学	江苏省	南京市	本科	
444	江苏大学	江苏省	镇江市	本科	
445	南京信息工程大学	江苏省	南京市	本科	
446	南通大学	江苏省	南通市	本科	
447	盐城工学院	江苏省	盐城市	本科	
448	南京农业大学	教育部	南京市	本科	
449	南京医科大学	江苏省	南京市	本科	
450	徐州医学院	江苏省	徐州市	本科	
451	南京中医药大学	江苏省	南京市	本科	
452	中国药科大学	教育部	南京市	本科	
453	南京师范大学	江苏省	南京市	本科	
454	江苏师范大学	江苏省	徐州市	本科	
455	淮阴师范学院	江苏省	淮安市	本科	
456	盐城师范学院	江苏省	盐城市	本科	
457	南京财经大学	江苏省	南京市	本科	
458	江苏警官学院	江苏省	南京市	本科	
459	南京体育学院	江苏省	南京市	本科	
460	南京艺术学院	江苏省	南京市	本科	
461	苏州科技学院	江苏省	苏州市	本科	
462	常熟理工学院	江苏省	苏州市	本科	
463	淮阴工学院	江苏省	淮安市	本科	
464	常州工学院	江苏省	常州市	本科	
465	扬州大学	江苏省	扬州市	本科	
466	三江学院	江苏省教育厅	南京市	本科	民办
467	南京工程学院	江苏省	南京市	本科	
468	南京审计学院	江苏省	南京市	本科	
469	南京晓庄学院	江苏省	南京市	本科	
470	江苏理工学院	江苏省	常州市	本科	

序号	学校名称	主管部门	所在地	办学层次	备注
471	淮海工学院	江苏省	连云港市	本科	
472	徐州工程学院	江苏省	徐州市	本科	
473	南京特殊教育师范学院	江苏省	南京市	本科	
474	南通理工学院	江苏省教育厅	南通市	本科	民办
475	南京森林警察学院	国家林业局	南京市	本科	
476	东南大学成贤学院	江苏省教育厅	南京市	本科	民办
477	泰州学院	江苏省	泰州市	本科	
478	无锡太湖学院	江苏省教育厅	无锡市	本科	民办
479	金陵科技学院	江苏省	南京市	本科	
480	中国矿业大学徐海学院	江苏省教育厅	徐州市	本科	民办
481	南京大学金陵学院	江苏省教育厅	南京市	本科	民办
482	南京理工大学紫金学院	江苏省教育厅	南京市	本科	民办
483	南京航空航天大学金城学院	江苏省教育厅	南京市	本科	民办
484	中国传媒大学南广学院	江苏省教育厅	南京市	本科	民办
485	南京理工大学泰州科技学院	江苏省教育厅	泰州市	本科	民办
486	南京师范大学泰州学院	江苏省教育厅	泰州市	本科	民办
487	南京工业大学浦江学院	江苏省教育厅	南京市	本科	民办
488	南京师范大学中北学院	江苏省教育厅	南京市	本科	民办
489	南京医科大学康达学院	江苏省教育厅	连云港市	本科	民办
490	南京中医药大学翰林学院	江苏省教育厅	泰州市	本科	民办
491	南京信息工程大学滨江学院	江苏省教育厅	南京市	本科	民办
492	苏州大学文正学院	江苏省教育厅	苏州市	本科	民办
493	苏州大学应用技术学院	江苏省教育厅	苏州市	本科	民办
494	苏州科技学院天平学院	江苏省教育厅	苏州市	本科	民办
495	江苏大学京江学院	江苏省教育厅	镇江市	本科	民办
496	扬州大学广陵学院	江苏省教育厅	扬州市	本科	民办
497	江苏师范大学科文学院	江苏省教育厅	徐州市	本科	民办
498	南京邮电大学通达学院	江苏省教育厅	扬州市	本科	民办

序号	学校名称	主管部门	所在地	办学层次	备注
499	南京财经大学红山学院	江苏省教育厅	镇江市	本科	民办
500	江苏科技大学苏州理工学院	江苏省教育厅	张家港市	本科	民办
501	常州大学怀德学院	江苏省教育厅	泰州市	本科	民办
502	南通大学杏林学院	江苏省教育厅	南通市	本科	民办
503	南京审计学院金审学院	江苏省教育厅	南京市	本科	民办
504	宿迁学院	江苏省教育厅	宿迁市	本科	民办
505	江苏第二师范学院	江苏省	南京市	本科	
506	西交利物浦大学	江苏省教育厅	苏州市	本科	中外合作办学
507	昆山杜克大学	江苏省教育厅	苏州市	本科	中外合作办学
浙江省(57所)					
508	浙江大学	教育部	杭州市	本科	
509	杭州电子科技大学	浙江省	杭州市	本科	
510	浙江工业大学	浙江省	杭州市	本科	
511	浙江理工大学	浙江省	杭州市	本科	
512	浙江海洋学院	浙江省	舟山市	本科	
513	浙江农林大学	浙江省	杭州市	本科	
514	温州医科大学	浙江省	温州市	本科	
515	浙江中医药大学	浙江省	杭州市	本科	
516	浙江师范大学	浙江省	金华市	本科	
517	杭州师范大学	浙江省	杭州市	本科	
518	湖州师范学院	浙江省	湖州市	本科	
519	绍兴文理学院	浙江省	绍兴市	本科	
520	台州学院	浙江省	台州市	本科	
521	温州大学	浙江省	温州市	本科	
522	丽水学院	浙江省	丽水市	本科	
523	浙江工商大学	浙江省	杭州市	本科	

序号	学校名称	主管部门	所在地	办学层次	备注
524	嘉兴学院	浙江省	嘉兴市	本科	
525	中国美术学院	浙江省	杭州市	本科	
526	中国计量学院	浙江省	杭州市	本科	
527	公安海警学院	公安部	宁波市	本科	
528	浙江万里学院	浙江省	宁波市	本科	
529	浙江科技学院	浙江省	杭州市	本科	
530	宁波工程学院	浙江省	宁波市	本科	
531	浙江水利水电学院	浙江省	杭州市	本科	
532	浙江财经大学	浙江省	杭州市	本科	
533	浙江警察学院	浙江省	杭州市	本科	
534	衢州学院	浙江省	衢州市	本科	
535	宁波大学	浙江省	宁波市	本科	
536	浙江传媒学院	浙江省	杭州市	本科	
537	浙江树人学院	浙江省教育厅	杭州市	本科	民办
538	浙江越秀外国语学院	浙江省教育厅	绍兴市	本科	民办
539	宁波大红鹰学院	浙江省教育厅	宁波市	本科	民办
540	浙江大学城市学院	浙江省教育厅	杭州市	本科	民办
541	浙江大学宁波理工学院	浙江省教育厅	宁波市	本科	民办
542	浙江工业大学之江学院	浙江省教育厅	杭州市	本科	民办
543	浙江师范大学行知学院	浙江省教育厅	金华市	本科	民办
544	宁波大学科学技术学院	浙江省教育厅	宁波市	本科	民办
545	杭州电子科技大学信息工程学院	浙江省教育厅	杭州市	本科	民办
546	浙江理工大学科技与艺术学院	浙江省教育厅	杭州市	本科	民办
547	浙江海洋学院东海科学技术学院	浙江省教育厅	舟山市	本科	民办
548	浙江农林大学暨阳学院	浙江省教育厅	绍兴市	本科	民办

序号	学校名称	主管部门	所在地	办学层次	备注
549	温州医科大学仁济学院	浙江省教育厅	温州市	本科	民办
550	浙江中医药大学滨江学院	浙江省教育厅	杭州市	本科	民办
551	杭州师范大学钱江学院	浙江省教育厅	杭州市	本科	民办
552	湖州师范学院求真学院	浙江省教育厅	湖州市	本科	民办
553	绍兴文理学院元培学院	浙江省教育厅	绍兴市	本科	民办
554	温州大学瓯江学院	浙江省教育厅	温州市	本科	民办
555	浙江工商大学杭州商学院	浙江省教育厅	杭州市	本科	民办
556	嘉兴学院南湖学院	浙江省教育厅	嘉兴市	本科	民办
557	中国计量学院现代科技学院	浙江省教育厅	杭州市	本科	民办
558	浙江财经大学东方学院	浙江省教育厅	嘉兴市	本科	民办
559	温州大学城市学院	浙江省教育厅	温州市	本科	民办
560	同济大学浙江学院	浙江省教育厅	嘉兴市	本科	民办
561	上海财经大学浙江学院	浙江省教育厅	金华市	本科	民办
562	浙江外国语学院	浙江省	杭州市	本科	
563	宁波诺丁汉大学	浙江省教育厅	宁波市	本科	中外合作办学
564	温州肯恩大学	浙江省教育厅	温州市	本科	中外合作办学
安徽省(44所)					
565	安徽大学	安徽省	合肥市	本科	
566	中国科学技术大学	中国科学院	合肥市	本科	
567	合肥工业大学	教育部	合肥市	本科	
568	安徽工业大学	安徽省	马鞍山市	本科	
569	安徽理工大学	安徽省	淮南市	本科	
570	安徽工程大学	安徽省	芜湖市	本科	
571	安徽农业大学	安徽省	合肥市	本科	
572	安徽医科大学	安徽省	合肥市	本科	
573	蚌埠医学院	安徽省	蚌埠市	本科	

序号	学校名称	主管部门	所在地	办学层次	备注
574	皖南医学院	安徽省	芜湖市	本科	
575	安徽中医药大学	安徽省	合肥市	本科	
576	安徽师范大学	安徽省	芜湖市	本科	
577	阜阳师范学院	安徽省	阜阳市	本科	
578	安庆师范学院	安徽省	安庆市	本科	
579	淮北师范大学	安徽省	淮北市	本科	
580	黄山学院	安徽省	黄山市	本科	
581	皖西学院	安徽省	六安市	本科	
582	滁州学院	安徽省	滁州市	本科	
583	安徽财经大学	安徽省	蚌埠市	本科	
584	宿州学院	安徽省	宿州市	本科	
585	巢湖学院	安徽省	合肥市	本科	
586	淮南师范学院	安徽省	淮南市	本科	
587	铜陵学院	安徽省	铜陵市	本科	
588	安徽建筑大学	安徽省	合肥市	本科	
589	安徽科技学院	安徽省	滁州市	本科	
590	安徽三联学院	安徽省教育厅	合肥市	本科	民办
591	合肥学院	安徽省	合肥市	本科	
592	蚌埠学院	安徽省	蚌埠市	本科	
593	池州学院	安徽省	池州市	本科	
594	安徽新华学院	安徽省教育厅	合肥市	本科	民办
595	安徽文达信息工程学院	安徽省教育厅	合肥市	本科	民办
596	安徽外国语学院	安徽省教育厅	合肥市	本科	民办
597	安徽财经大学商学院	安徽省教育厅	蚌埠市	本科	民办
598	安徽大学江淮学院	安徽省教育厅	合肥市	本科	民办
599	安徽工程大学机电学院	安徽省教育厅	芜湖市	本科	民办
600	安徽工业大学工商学院	安徽省教育厅	马鞍山市	本科	民办
601	安徽建筑大学城市建设学院	安徽省教育厅	合肥市	本科	民办

序号	学校名称	主管部门	所在地	办学层次	备注
602	安徽农业大学经济技术学院	安徽省教育厅	合肥市	本科	民办
603	安徽师范大学院江学院	安徽省教育厅	芜湖市	本科	民办
604	安徽医科大学临床医学院	安徽省教育厅	合肥市	本科	民办
605	阜阳师范学院信息工程学院	安徽省教育厅	阜阳市	本科	民办
606	淮北师范大学信息学院	安徽省教育厅	淮北市	本科	民办
607	合肥师范学院	安徽省	合肥市	本科	
608	河海大学文天学院	安徽省教育厅	马鞍山市	本科	民办
福建省(35 所)					
609	厦门大学	教育部	厦门市	本科	
610	华侨大学	国务院侨办	泉州市	本科	
611	福州大学	福建省	福州市	本科	
612	福建工程学院	福建省	福州市	本科	
613	福建农林大学	福建省	福州市	本科	
614	集美大学	福建省	厦门市	本科	
615	福建医科大学	福建省	福州市	本科	
616	福建中医药大学	福建省	福州市	本科	
617	福建师范大学	福建省	福州市	本科	
618	闽江学院	福建省	福州市	本科	
619	武夷学院	福建省	南平市	本科	
620	宁德师范学院	福建省	宁德市	本科	
621	泉州师范学院	福建省	泉州市	本科	
622	闽南师范大学	福建省	漳州市	本科	
623	厦门理工学院	福建省	厦门市	本科	
624	三明学院	福建省	三明市	本科	
625	龙岩学院	福建省	龙岩市	本科	
626	福建警察学院	福建省	福州市	本科	
627	莆田学院	福建省	莆田市	本科	
628	仰恩大学	福建省教育厅	泉州市	本科	民办

序号	学校名称	主管部门	所在地	办学层次	备注
629	厦门华厦学院	福建省教育厅	厦门市	本科	民办
630	闽南理工学院	福建省教育厅	泉州市	本科	民办
631	福建师范大学闽南科技学院	福建省教育厅	泉州市	本科	民办
632	福建农林大学东方学院	福建省教育厅	福州市	本科	民办
633	厦门工学院	福建省教育厅	厦门市	本科	民办
634	阳光学院	福建省教育厅	福州市	本科	民办
635	厦门大学嘉庚学院	福建省教育厅	漳州市	本科	民办
636	福州大学至诚学院	福建省教育厅	福州市	本科	民办
637	集美大学诚毅学院	福建省教育厅	厦门市	本科	民办
638	福建师范大学协和学院	福建省教育厅	福州市	本科	民办
639	福州外语外贸学院	福建省教育厅	福州市	本科	民办
640	福建江夏学院	福建省	福州市	本科	
641	泉州信息工程学院	福建省教育厅	泉州市	本科	民办
642	福州理工学院	福建省教育厅	福州市	本科	民办
643	福建农林大学金山学院	福建省教育厅	福州市	本科	民办
江西省(42所)					
644	南昌大学	江西省	南昌市	本科	
645	华东交通大学	江西省	南昌市	本科	
646	东华理工大学	江西省	抚州市	本科	
647	南昌航空大学	江西省	南昌市	本科	
648	江西理工大学	江西省	赣州市	本科	
649	景德镇陶瓷学院	江西省	景德镇市	本科	
650	江西农业大学	江西省	南昌市	本科	
651	江西中医药大学	江西省	南昌市	本科	
652	赣南医学院	江西省	赣州市	本科	
653	江西师范大学	江西省	南昌市	本科	
654	上饶师范学院	江西省	上饶市	本科	
655	宜春学院	江西省	宜春市	本科	

序号	学校名称	主管部门	所在地	办学层次	备注
656	赣南师范学院	江西省	赣州市	本科	
657	井冈山大学	江西省	吉安市	本科	
658	江西财经大学	江西省	南昌市	本科	
659	江西科技学院	江西省教育厅	南昌市	本科	民办
660	景德镇学院	江西省	景德镇市	本科	
661	萍乡学院	江西省	萍乡市	本科	
662	江西科技师范大学	江西省	南昌市	本科	
663	南昌工程学院	江西省	南昌市	本科	
664	江西警察学院	江西省	南昌市	本科	
665	新余学院	江西省	新余市	本科	
666	九江学院	江西省	九江市	本科	
667	江西工程学院	江西省教育厅	新余市	本科	民办
668	南昌理工学院	江西省教育厅	南昌市	本科	民办
669	江西应用科技学院	江西省教育厅	南昌市	本科	民办
670	江西服装学院	江西省教育厅	南昌市	本科	民办
671	南昌工学院	江西省教育厅	南昌市	本科	民办
672	南昌大学科学技术学院	江西省教育厅	南昌市	本科	民办
673	南昌大学共青学院	江西省教育厅	九江市	本科	民办
674	华东交通大学理工学院	江西省教育厅	南昌市	本科	民办
675	东华理工大学长江学院	江西省教育厅	抚州市	本科	民办
676	南昌航空大学科技学院	江西省教育厅	南昌市	本科	民办
677	江西理工大学应用科学学院	江西省教育厅	赣州市	本科	民办
678	景德镇陶瓷学院科技艺术学院	江西省教育厅	景德镇市	本科	民办
679	江西农业大学南昌商学院	江西省教育厅	南昌市	本科	民办
680	江西中医药大学科技学院	江西省教育厅	南昌市	本科	民办
681	江西师范大学科学技术学院	江西省教育厅	南昌市	本科	民办
682	赣南师范学院科技学院	江西省教育厅	赣州市	本科	民办

序号	学校名称	主管部门	所在地	办学层次	备注
683	江西科技师范大学理工学院	江西省教育厅	南昌市	本科	民办
684	江西财经大学现代经济管理学院	江西省教育厅	南昌市	本科	民办
685	南昌师范学院	江西省	南昌市	本科	
山东省(67 所)					
686	山东大学	教育部	济南市	本科	
687	中国海洋大学	教育部	青岛市	本科	
688	中国石油大学(华东)	教育部	青岛市	本科	
689	山东科技大学	山东省	青岛市	本科	
690	青岛科技大学	山东省	青岛市	本科	
691	济南大学	山东省	济南市	本科	
692	烟台大学文经学院	山东省教育厅	烟台市	本科	民办
693	聊城大学东昌学院	山东省教育厅	聊城市	本科	民办
694	青岛理工大学琴岛学院	山东省教育厅	青岛市	本科	民办
695	山东师范大学历山学院	山东省教育厅	济南市	本科	民办
696	山东财经大学燕山学院	山东省教育厅	济南市	本科	民办
697	中国石油大学胜利学院	山东省教育厅	东营市	本科	民办
698	山东科技大学泰山科技学院	山东省教育厅	泰安市	本科	民办
699	青岛农业大学海都学院	山东省教育厅	烟台市	本科	民办
700	山东财经大学东方学院	山东省教育厅	泰安市	本科	民办
701	济南大学泉城学院	山东省教育厅	济南市	本科	民办
702	北京电影学院现代创意媒体学院	山东省教育厅	青岛市	本科	民办
703	青岛理工大学	山东省	青岛市	本科	
704	山东建筑大学	山东省	济南市	本科	
705	齐鲁工业大学	山东省	济南市	本科	
706	山东理工大学	山东省	淄博市	本科	
707	山东农业大学	山东省	泰安市	本科	

序号	学校名称	主管部门	所在地	办学层次	备注
708	青岛农业大学	山东省	青岛市	本科	
709	潍坊医学院	山东省	潍坊市	本科	
710	泰山医学院	山东省	泰安市	本科	
711	滨州医学院	山东省	滨州市	本科	
712	山东中医药大学	山东省	济南市	本科	
713	济宁医学院	山东省	济宁市	本科	
714	山东师范大学	山东省	济南市	本科	
715	曲阜师范大学	山东省	济宁市	本科	
716	聊城大学	山东省	聊城市	本科	
717	德州学院	山东省	德州市	本科	
718	滨州学院	山东省	滨州市	本科	
719	鲁东大学	山东省	烟台市	本科	
720	临沂大学	山东省	临沂市	本科	
721	泰山学院	山东省	泰安市	本科	
722	济宁学院	山东省	济宁市	本科	
723	菏泽学院	山东省	菏泽市	本科	
724	山东财经大学	山东省	济南市	本科	
725	山东体育学院	山东省	济南市	本科	
726	山东艺术学院	山东省	济南市	本科	
727	齐鲁医药学院	山东省教育厅	淄博市	本科	民办
728	青岛滨海学院	山东省教育厅	青岛市	本科	民办
729	枣庄学院	山东省	枣庄市	本科	
730	山东工艺美术学院	山东省	济南市	本科	
731	青岛大学	山东省	青岛市	本科	
732	烟台大学	山东省	烟台市	本科	
733	潍坊学院	山东省	潍坊市	本科	
734	山东警察学院	山东省	济南市	本科	
735	山东交通学院	山东省	济南市	本科	

序号	学校名称	主管部门	所在地	办学层次	备注
736	山东工商学院	山东省	烟台市	本科	
737	山东女子学院	山东省	济南市	本科	
738	烟台南山学院	山东省教育厅	烟台市	本科	民办
739	潍坊科技学院	山东省教育厅	潍坊市	本科	民办
740	山东英才学院	山东省教育厅	济南市	本科	民办
741	青岛恒星科技学院	山东省教育厅	青岛市	本科	民办
742	青岛黄海学院	山东省教育厅	青岛市	本科	民办
743	山东现代学院	山东省教育厅	济南市	本科	民办
744	山东协和学院	山东省教育厅	济南市	本科	民办
745	山东华宇工学院	山东省教育厅	德州市	本科	民办
746	青岛工学院	山东省教育厅	青岛市	本科	民办
747	齐鲁理工学院	山东省教育厅	济南市	本科	民办
748	山东政法学院	山东省	济南市	本科	
749	齐鲁师范学院	山东省	济南市	本科	
750	山东青年政治学院	山东省	济南市	本科	
751	山东管理学院	山东省	济南市	本科	
752	山东农业工程学院	山东省	济南市	本科	
河南省(52所)					
753	华北水利水电大学	河南省	郑州市	本科	
754	郑州大学	河南省	郑州市	本科	
755	河南理工大学	河南省	焦作市	本科	
756	郑州轻工业学院	河南省	郑州市	本科	
757	河南工业大学	河南省	郑州市	本科	
758	河南科技大学	河南省	洛阳市	本科	
759	中原工学院	河南省	郑州市	本科	
760	河南农业大学	河南省	郑州市	本科	
761	河南科技学院	河南省	新乡市	本科	
762	河南牧业经济学院	河南省	郑州市	本科	

序号	学校名称	主管部门	所在地	办学层次	备注
763	河南中医学院	河南省	郑州市	本科	
764	新乡医学院	河南省	新乡市	本科	
765	河南大学	河南省	开封市	本科	
766	河南师范大学	河南省	新乡市	本科	
767	信阳师范学院	河南省	信阳市	本科	
768	周口师范学院	河南省	周口市	本科	
769	安阳师范学院	河南省	安阳市	本科	
770	许昌学院	河南省	许昌市	本科	
771	南阳师范学院	河南省	南阳市	本科	
772	洛阳师范学院	河南省	洛阳市	本科	
773	商丘师范学院	河南省	商丘市	本科	
774	河南财经政法大学	河南省	郑州市	本科	
775	郑州航空工业管理学院	河南省	郑州市	本科	
776	黄淮学院	河南省	驻马店市	本科	
777	平顶山学院	河南省	平顶山市	本科	
778	洛阳理工学院	河南省	洛阳市	本科	
779	新乡学院	河南省	新乡市	本科	
780	信阳农林学院	河南省	信阳市	本科	
781	安阳工学院	河南省	安阳市	本科	
782	河南工程学院	河南省	郑州市	本科	
783	南阳理工学院	河南省	南阳市	本科	
784	河南城建学院	河南省	平顶山市	本科	
785	河南警察学院	河南省	郑州市	本科	
786	黄河科技学院	河南省教育厅	郑州市	本科	民办
787	铁道警察学院	公安部	郑州市	本科	
788	郑州科技学院	河南省教育厅	郑州市	本科	民办
789	郑州工业应用技术学院	河南省教育厅	郑州市	本科	民办
790	郑州师范学院	河南省	郑州市	本科	

序号	学校名称	主管部门	所在地	办学层次	备注
791	郑州财经学院	河南省教育厅	郑州市	本科	民办
792	黄河交通学院	河南省教育厅	焦作市	本科	民办
793	商丘工学院	河南省教育厅	商丘市	本科	民办
794	河南大学民生学院	河南省教育厅	开封市	本科	民办
795	河南师范大学新联学院	河南省教育厅	郑州市	本科	民办
796	信阳师范学院华锐学院	河南省教育厅	信阳市	本科	民办
797	安阳师范学院人文管理学院	河南省教育厅	安阳市	本科	民办
798	新乡医学院三全学院	河南省教育厅	新乡市	本科	民办
799	河南科技学院新科学院	河南省教育厅	新乡市	本科	民办
800	河南理工大学万方科技学院	河南省教育厅	焦作市	本科	民办
801	中原工学院信息商务学院	河南省教育厅	郑州市	本科	民办
802	商丘学院	河南省教育厅	商丘市	本科	民办
803	郑州成功财经学院	河南省教育厅	郑州市	本科	民办
804	郑州升达经贸管理学院	河南省教育厅	郑州市	本科	民办
湖北省(67 所)					
805	武汉大学	教育部	武汉市	本科	
806	华中科技大学	教育部	武汉市	本科	
807	武汉科技大学	湖北省	武汉市	本科	
808	长江大学	湖北省	荆州市	本科	
809	武汉工程大学	湖北省	武汉市	本科	
810	中国地质大学(武汉)	教育部	武汉市	本科	
811	武汉纺织大学	湖北省	武汉市	本科	
812	武汉轻工大学	湖北省	武汉市	本科	
813	武汉理工大学	教育部	武汉市	本科	
814	湖北工业大学	湖北省	武汉市	本科	
815	华中农业大学	教育部	武汉市	本科	
816	湖北中医药大学	湖北省	武汉市	本科	
817	华中师范大学	教育部	武汉市	本科	

序号	学校名称	主管部门	所在地	办学层次	备注
818	湖北大学	湖北省	武汉市	本科	
819	湖北师范学院	湖北省	黄石市	本科	
820	黄冈师范学院	湖北省	黄冈市	本科	
821	湖北民族学院	湖北省	恩施土家族苗族自治州	本科	
822	湖北文理学院	湖北省	襄阳市	本科	
823	中南财经政法大学	教育部	武汉市	本科	
824	武汉体育学院	湖北省	武汉市	本科	
825	湖北美术学院	湖北省	武汉市	本科	
826	中南民族大学	国家民委	武汉市	本科	
827	湖北汽车工业学院	湖北省	十堰市	本科	
828	湖北工程学院	湖北省	孝感市	本科	
829	湖北理工学院	湖北省	黄石市	本科	
830	湖北科技学院	湖北省	咸宁市	本科	
831	湖北医药学院	湖北省	十堰市	本科	
832	江汉大学	湖北省	武汉市	本科	
833	三峡大学	湖北省	宜昌市	本科	
834	湖北警官学院	湖北省	武汉市	本科	
835	荆楚理工学院	湖北省	荆门市	本科	
836	武汉音乐学院	湖北省	武汉市	本科	
837	湖北经济学院	湖北省	武汉市	本科	
838	武汉商学院	湖北省	武汉市	本科	
839	武汉东湖学院	湖北省教育厅	武汉市	本科	民办
840	汉口学院	湖北省教育厅	武汉市	本科	民办
841	武昌首义学院	湖北省教育厅	武汉市	本科	民办
842	武昌理工学院	湖北省教育厅	武汉市	本科	民办
843	武汉生物工程学院	湖北省教育厅	武汉市	本科	民办
844	武汉大学珞珈学院	湖北省教育厅	武汉市	本科	民办

序号	学校名称	主管部门	所在地	办学层次	备注
845	湖北大学知行学院	湖北省教育厅	武汉市	本科	民办
846	武汉科技大学城市学院	湖北省教育厅	武汉市	本科	民办
847	三峡大学科技学院	湖北省教育厅	宜昌市	本科	民办
848	江汉大学文理学院	湖北省教育厅	武汉市	本科	民办
849	湖北工业大学工程技术学院	湖北省教育厅	武汉市	本科	民办
850	武汉工程大学 邮电与信息工程学院	湖北省教育厅	武汉市	本科	民办
851	武汉纺织大学外经贸学院	湖北省教育厅	武汉市	本科	民办
852	武昌工学院	湖北省教育厅	武汉市	本科	民办
853	武汉工商学院	湖北省教育厅	武汉市	本科	民办
854	长江大学工程技术学院	湖北省教育厅	荆州市	本科	民办
855	长江大学文理学院	湖北省教育厅	荆州市	本科	民办
856	湖北商贸学院	湖北省教育厅	武汉市	本科	民办
857	湖北汽车工业学院科技学院	湖北省教育厅	十堰市	本科	民办
858	湖北医药学院药护学院	湖北省教育厅	十堰市	本科	民办
859	湖北民族学院科技学院	湖北省教育厅	恩施土家族苗族自治州	本科	民办
860	湖北经济学院法商学院	湖北省教育厅	武汉市	本科	民办
861	武汉体育学院体育科技学院	湖北省教育厅	武汉市	本科	民办
862	湖北师范学院文理学院	湖北省教育厅	黄石市	本科	民办
863	湖北文理学院理工学院	湖北省教育厅	襄阳市	本科	民办
864	湖北工程学院新技术学院	湖北省教育厅	孝感市	本科	民办
865	文华学院	湖北省教育厅	武汉市	本科	民办
866	武汉学院	湖北省教育厅	武汉市	本科	民办
867	武汉工程科技学院	湖北省教育厅	武汉市	本科	民办
868	武汉理工大学华夏学院	湖北省教育厅	武汉市	本科	民办
869	华中师范大学武汉传媒学院	湖北省教育厅	武汉市	本科	民办
870	武汉设计工程学院	湖北省教育厅	武汉市	本科	民办

序号	学校名称	主管部门	所在地	办学层次	备注
871	湖北第二师范学院	湖北省	武汉市	本科	
湖南省(51 所)					
872	湘潭大学	湖南省	湘潭市	本科	
873	吉首大学	湖南省	湘西土家族苗族自治州	本科	
874	湖南大学	教育部	长沙市	本科	
875	中南大学	教育部	长沙市	本科	
876	湖南科技大学	湖南省	湘潭市	本科	
877	长沙理工大学	湖南省	长沙市	本科	
878	湖南农业大学	湖南省	长沙市	本科	
879	中南林业科技大学	湖南省	长沙市	本科	
880	湖南中医药大学	湖南省	长沙市	本科	
881	湖南师范大学	湖南省	长沙市	本科	
882	湖南理工学院	湖南省	岳阳市	本科	
883	湘南学院	湖南省	郴州市	本科	
884	衡阳师范学院	湖南省	衡阳市	本科	
885	邵阳学院	湖南省	邵阳市	本科	
886	怀化学院	湖南省	怀化市	本科	
887	湖南文理学院	湖南省	常德市	本科	
888	湖南科技学院	湖南省	永州市	本科	
889	湖南人文科技学院	湖南省	娄底市	本科	
890	湖南商学院	湖南省	长沙市	本科	
891	南华大学	湖南省	衡阳市	本科	
892	长沙医学院	湖南省教育厅	长沙市	本科	民办
893	长沙学院	湖南省	长沙市	本科	
894	湖南工程学院	湖南省	湘潭市	本科	
895	湖南城市学院	湖南省	益阳市	本科	
896	湖南工学院	湖南省	衡阳市	本科	

序号	学校名称	主管部门	所在地	办学层次	备注
897	湖南财政经济学院	湖南省	长沙市	本科	
898	湖南警察学院	湖南省	长沙市	本科	
899	湖南工业大学	湖南省	株洲市	本科	
900	湖南女子学院	湖南省	长沙市	本科	
901	湖南第一师范学院	湖南省	长沙市	本科	
902	湖南医药学院	湖南省	怀化市	本科	
903	湖南涉外经济学院	湖南省教育厅	长沙市	本科	民办
904	湘潭大学兴湘学院	湖南省教育厅	湘潭市	本科	民办
905	湖南工业大学科技学院	湖南省教育厅	株洲市	本科	民办
906	湖南科技大学潇湘学院	湖南省教育厅	湘潭市	本科	民办
907	南华大学船山学院	湖南省教育厅	衡阳市	本科	民办
908	湖南商学院北津学院	湖南省教育厅	长沙市	本科	民办
909	湖南师范大学树达学院	湖南省教育厅	长沙市	本科	民办
910	湖南农业大学东方科技学院	湖南省教育厅	长沙市	本科	民办
911	中南林业科技大学涉外学院	湖南省教育厅	长沙市	本科	民办
912	湖南文理学院芙蓉学院	湖南省教育厅	常德市	本科	民办
913	湖南理工学院南湖学院	湖南省教育厅	岳阳市	本科	民办
914	衡阳师范学院南岳学院	湖南省教育厅	衡阳市	本科	民办
915	湖南工程学院应用技术学院	湖南省教育厅	湘潭市	本科	民办
916	湖南中医药大学湘杏学院	湖南省教育厅	长沙市	本科	民办
917	吉首大学张家界学院	湖南省教育厅	张家界市	本科	民办
918	长沙理工大学城南学院	湖南省教育厅	长沙市	本科	民办
919	长沙师范学院	湖南省	长沙市	本科	
920	湖南应用技术学院	湖南省教育厅	常德市	本科	民办
921	湖南信息学院	湖南省教育厅	长沙市	本科	民办
922	湖南交通工程学院	湖南省教育厅	衡阳市	本科	民办
广东省(62所)					
923	中山大学	教育部	广州市	本科	

序号	学校名称	主管部门	所在地	办学层次	备注
924	暨南大学	国务院侨办	广州市	本科	
925	汕头大学	广东省	汕头市	本科	
926	华南理工大学	教育部	广州市	本科	
927	华南农业大学	广东省	广州市	本科	
928	广东海洋大学	广东省	湛江市	本科	
929	广州医科大学	广东省	广州市	本科	
930	广东医学院	广东省	湛江市	本科	
931	广州中医药大学	广东省	广州市	本科	
932	广东药学院	广东省	广州市	本科	
933	华南师范大学	广东省	广州市	本科	
934	韶关学院	广东省	韶关市	本科	
935	惠州学院	广东省	惠州市	本科	
936	韩山师范学院	广东省	潮州市	本科	
937	岭南师范学院	广东省	湛江市	本科	
938	肇庆学院	广东省	肇庆市	本科	
939	嘉应学院	广东省	梅州市	本科	
940	广州体育学院	广东省	广州市	本科	
941	广州美术学院	广东省	广州市	本科	
942	星海音乐学院	广东省	广州市	本科	
943	广东技术师范学院	广东省	广州市	本科	
944	深圳大学	广东省	深圳市	本科	
945	广东财经大学	广东省	广州市	本科	
946	广东白云学院	广东省教育厅	广州市	本科	民办
947	广州大学	广东省	广州市	本科	
948	广州航海学院	广东省	广州市	本科	
949	广东警官学院	广东省	广州市	本科	
950	仲恺农业工程学院	广东省	广州市	本科	
951	五邑大学	广东省	江门市	本科	

序号	学校名称	主管部门	所在地	办学层次	备注
952	广东金融学院	广东省	广州市	本科	
953	电子科技大学中山学院	广东省教育厅	中山市	本科	民办
954	广东石油化工学院	广东省	茂名市	本科	
955	东莞理工学院	广东省	东莞市	本科	
956	广东工业大学	广东省	广州市	本科	
957	广东外语外贸大学	广东省	广州市	本科	
958	佛山科学技术学院	广东省	佛山市	本科	
959	广东培正学院	广东省教育厅	广州市	本科	民办
960	南方医科大学	广东省	广州市	本科	
961	广东东软学院	广东省教育厅	佛山市	本科	民办
962	华南理工大学广州学院	广东省教育厅	广州市	本科	民办
963	广州大学华软软件学院	广东省教育厅	广州市	本科	民办
964	中山大学南方学院	广东省教育厅	广州市	本科	民办
965	广东外语外贸大学南国商学院	广东省教育厅	广州市	本科	民办
966	广东财经大学华商学院	广东省教育厅	广州市	本科	民办
967	广东海洋大学寸金学院	广东省教育厅	湛江市	本科	民办
968	华南农业大学珠江学院	广东省教育厅	广州市	本科	民办
969	广东技术师范学院天河学院	广东省教育厅	广州市	本科	民办
970	北京师范大学珠海分校	广东省教育厅	珠海市	本科	民办
971	广东工业大学华立学院	广东省教育厅	广州市	本科	民办
972	广州大学松田学院	广东省教育厅	广州市	本科	民办
973	广州商学院	广东省教育厅	广州市	本科	民办
974	北京理工大学珠海学院	广东省教育厅	珠海市	本科	民办
975	吉林大学珠海学院	广东省教育厅	珠海市	本科	民办
976	广州工商学院	广东省教育厅	广州市	本科	民办
977	广东科技学院	广东省教育厅	东莞市	本科	民办
978	广东理工学院	广东省教育厅	肇庆市	本科	民办

序号	学校名称	主管部门	所在地	办学层次	备注
979	东莞理工学院城市学院	广东省教育厅	东莞市	本科	民办
980	中山大学新华学院	广东省教育厅	广州市	本科	民办
981	广东第二师范学院	广东省	广州市	本科	
982	南方科技大学	广东省	深圳市	本科	
983	北京师范大学 – 香港浸会大学联合国际学院	广东省教育厅	珠海市	本科	中外合作办学
984	香港中文大学(深圳)	广东省教育厅	深圳市	本科	中外合作办学
广西壮族自治区(36 所)					
985	广西大学	广西壮族自治区	南宁市	本科	
986	广西科技大学	广西壮族自治区	柳州市	本科	
987	桂林电子科技大学	广西壮族自治区	桂林市	本科	
988	桂林理工大学	广西壮族自治区	桂林市	本科	
989	广西医科大学	广西壮族自治区	南宁市	本科	
990	右江民族医学院	广西壮族自治区	百色市	本科	
991	广西中医药大学	广西壮族自治区	南宁市	本科	
992	桂林医学院	广西壮族自治区	桂林市	本科	
993	广西师范大学	广西壮族自治区	桂林市	本科	
994	广西师范学院	广西壮族自治区	南宁市	本科	
995	广西民族师范学院	广西壮族自治区	崇左市	本科	
996	河池学院	广西壮族自治区	河池市	本科	
997	玉林师范学院	广西壮族自治区	玉林市	本科	
998	广西艺术学院	广西壮族自治区	南宁市	本科	
999	广西民族大学	广西壮族自治区	南宁市	本科	
1000	百色学院	广西壮族自治区	百色市	本科	
1001	梧州学院	广西壮族自治区	梧州市	本科	
1002	广西科技师范学院	广西壮族自治区	柳州市	本科	
1003	广西财经学院	广西壮族自治区	南宁市	本科	

序号	学校名称	主管部门	所在地	办学层次	备注
1004	南宁学院	广西壮族自治区教育厅	南宁市	本科	民办
1005	钦州学院	广西壮族自治区	钦州市	本科	
1006	桂林航天工业学院	广西壮族自治区	桂林市	本科	
1007	桂林旅游学院	广西壮族自治区	桂林市	本科	
1008	贺州学院	广西壮族自治区	贺州市	本科	
1009	广西警察学院	广西壮族自治区	南宁市	本科	
1010	北海艺术设计学院	广西壮族自治区教育厅	北海市	本科	民办
1011	广西大学行健文理学院	广西壮族自治区教育厅	南宁市	本科	民办
1012	广西科技大学鹿山学院	广西壮族自治区教育厅	柳州市	本科	民办
1013	广西民族大学相思湖学院	广西壮族自治区教育厅	南宁市	本科	民办
1014	广西师范大学漓江学院	广西壮族自治区教育厅	桂林市	本科	民办
1015	广西师范学院师园学院	广西壮族自治区教育厅	南宁市	本科	民办
1016	广西中医药大学赛恩斯新医药学院	广西壮族自治区教育厅	南宁市	本科	民办
1017	桂林电子科技大学信息科技学院	广西壮族自治区教育厅	桂林市	本科	民办
1018	桂林理工大学博文管理学院	广西壮族自治区教育厅	桂林市	本科	民办
1019	广西外国语学院	广西壮族自治区教育厅	南宁市	本科	民办

序号	学校名称	主管部门	所在地	办学层次	备注
1020	北京航空航天大学北海学院	广西壮族自治区教育厅	北海市	本科	民办
海南省（6所）					
1021	海南大学	海南省	海口市	本科	
1022	琼州学院	海南省	三亚市	本科	
1023	海南师范大学	海南省	海口市	本科	
1024	海南医学院	海南省	海口市	本科	
1025	海口经济学院	海南省教育厅	海口市	本科	民办
1026	三亚学院	海南省教育厅	三亚市	本科	民办
重庆市（25所）					
1027	重庆大学	教育部	重庆市	本科	
1028	重庆邮电大学	重庆市	重庆市	本科	
1029	重庆交通大学	重庆市	重庆市	本科	
1030	重庆医科大学	重庆市	重庆市	本科	
1031	西南大学	教育部	重庆市	本科	
1032	重庆师范大学	重庆市	重庆市	本科	
1033	重庆文理学院	重庆市	重庆市	本科	
1034	重庆三峡学院	重庆市	重庆市	本科	
1035	长江师范学院	重庆市	重庆市	本科	
1036	四川外国语大学	重庆市	重庆市	本科	
1037	西南政法大学	重庆市	重庆市	本科	
1038	四川美术学院	重庆市	重庆市	本科	
1039	重庆科技学院	重庆市	重庆市	本科	
1040	重庆理工大学	重庆市	重庆市	本科	
1041	重庆工商大学	重庆市	重庆市	本科	
1042	重庆工程学院	重庆市教委	重庆市	本科	民办
1043	重庆大学城市科技学院	重庆市教委	重庆市	本科	民办
1044	重庆警察学院	重庆市	重庆市	本科	

序号	学校名称	主管部门	所在地	办学层次	备注
1045	重庆人文科技学院	重庆市教委	重庆市	本科	民办
1046	四川外国语大学 重庆南方翻译学院	重庆市教委	重庆市	本科	民办
1047	重庆师范大学涉外商贸学院	重庆市教委	重庆市	本科	民办
1048	重庆工商大学融智学院	重庆市教委	重庆市	本科	民办
1049	重庆工商大学派斯学院	重庆市教委	重庆市	本科	民办
1050	重庆邮电大学移通学院	重庆市教委	重庆市	本科	民办
1051	重庆第二师范学院	重庆市	重庆市	本科	
四川省(51所)					
1052	四川大学	教育部	成都市	本科	
1053	西南交通大学	教育部	成都市	本科	
1054	电子科技大学	教育部	成都市	本科	
1055	西南石油大学	四川省	成都市	本科	
1056	成都理工大学	四川省	成都市	本科	
1057	西南科技大学	四川省	绵阳市	本科	
1058	成都信息工程大学	四川省	成都市	本科	
1059	四川理工学院	四川省	自贡市	本科	
1060	西华大学	四川省	成都市	本科	
1061	中国民用航空飞行学院	交通运输部	德阳市	本科	
1062	四川农业大学	四川省	雅安市	本科	
1063	西昌学院	四川省	凉山彝族 自治州	本科	
1064	四川医科大学	四川省	泸州市	本科	
1065	成都中医药大学	四川省	成都市	本科	
1066	川北医学院	四川省	南充市	本科	
1067	四川师范大学	四川省	成都市	本科	
1068	西华师范大学	四川省	南充市	本科	
1069	绵阳师范学院	四川省	绵阳市	本科	

序号	学校名称	主管部门	所在地	办学层次	备注
1070	内江师范学院	四川省	内江市	本科	
1071	宜宾学院	四川省	宜宾市	本科	
1072	四川文理学院	四川省	达州市	本科	
1073	阿坝师范学院	四川省	阿坝藏族羌族自治州	本科	
1074	乐山师范学院	四川省	乐山市	本科	
1075	西南财经大学	教育部	成都市	本科	
1076	成都体育学院	四川省	成都市	本科	
1077	四川音乐学院	四川省	成都市	本科	
1078	西南民族大学	国家民委	成都市	本科	
1079	成都学院	四川省	成都市	本科	
1080	成都工业学院	四川省	成都市	本科	
1081	攀枝花学院	四川省	攀枝花市	本科	
1082	四川旅游学院	四川省	成都市	本科	
1083	四川民族学院	四川省	甘孜藏族自治州	本科	
1084	四川警察学院	四川省	泸州市	本科	
1085	成都东软学院	四川省教育厅	成都市	本科	民办
1086	电子科技大学成都学院	四川省教育厅	成都市	本科	民办
1087	成都理工大学工程技术学院	四川省教育厅	乐山市	本科	民办
1088	四川传媒学院	四川省教育厅	成都市	本科	民办
1089	成都信息工程大学银杏酒店管理学院	四川省教育厅	成都市	本科	民办
1090	成都文理学院	四川省教育厅	成都市	本科	民办
1091	四川工商学院	四川省教育厅	成都市	本科	民办
1092	四川外国语大学成都学院	四川省教育厅	成都市	本科	民办
1093	成都医学院	四川省	成都市	本科	
1094	四川工业科技学院	四川省教育厅	德阳市	本科	民办

序号	学校名称	主管部门	所在地	办学层次	备注
1095	四川大学锦城学院	四川省教育厅	成都市	本科	民办
1096	西南财经大学天府学院	四川省教育厅	绵阳市	本科	民办
1097	四川大学锦江学院	四川省教育厅	眉山市	本科	民办
1098	四川文化艺术学院	四川省教育厅	绵阳市	本科	民办
1099	西南科技大学城市学院	四川省教育厅	绵阳市	本科	民办
1100	西南交通大学希望学院	四川省教育厅	南充市	本科	民办
1101	成都师范学院	四川省	成都市	本科	
1102	四川电影电视学院	四川省教育厅	成都市	本科	民办
贵州省(27 所)					
1103	贵州大学	贵州省	贵阳市	本科	
1104	贵州医科大学	贵州省	贵阳市	本科	
1105	遵义医学院	贵州省	遵义市	本科	
1106	贵阳中医学院	贵州省	贵阳市	本科	
1107	贵州师范大学	贵州省	贵阳市	本科	
1108	遵义师范学院	贵州省	遵义市	本科	
1109	铜仁学院	贵州省	铜仁市	本科	
1110	兴义民族师范学院	贵州省	黔西南布依族苗族自治州	本科	
1111	安顺学院	贵州省	安顺市	本科	
1112	贵州工程应用技术学院	贵州省	毕节市	本科	
1113	凯里学院	贵州省	黔东南苗族侗族自治州	本科	
1114	黔南民族师范学院	贵州省	黔南布依族苗族自治州	本科	
1115	贵州财经大学	贵州省	贵阳市	本科	
1116	贵州民族大学	贵州省	贵阳市	本科	
1117	贵阳学院	贵州省	贵阳市	本科	
1118	六盘水师范学院	贵州省	六盘水市	本科	

序号	学校名称	主管部门	所在地	办学层次	备注
1119	贵州商学院	贵州省	贵阳市	本科	
1120	贵阳中医学院时珍学院	贵州省教育厅	贵阳市	本科	民办
1121	贵州财经大学商务学院	贵州省教育厅	贵阳市	本科	民办
1122	贵州大学科技学院	贵州省教育厅	贵阳市	本科	民办
1123	贵州大学明德学院	贵州省教育厅	贵阳市	本科	民办
1124	贵州民族大学人文科技学院	贵州省教育厅	贵阳市	本科	民办
1125	贵州师范大学求是学院	贵州省教育厅	贵阳市	本科	民办
1126	遵义医学院医学与科技学院	贵州省教育厅	遵义市	本科	民办
1127	贵州医科大学 神奇民族医药学院	贵州省教育厅	贵阳市	本科	民办
1128	贵州师范学院	贵州省	贵阳市	本科	
1129	贵州理工学院	贵州省	贵阳市	本科	
云南省(31所)					
1130	云南大学	云南省	昆明市	本科	
1131	昆明理工大学	云南省	昆明市	本科	
1132	云南农业大学	云南省	昆明市	本科	
1133	西南林业大学	云南省	昆明市	本科	
1134	昆明医科大学	云南省	昆明市	本科	
1135	大理大学	云南省	大理白族 自治州	本科	
1136	云南中医学院	云南省	昆明市	本科	
1137	云南师范大学	云南省	昆明市	本科	
1138	昭通学院	云南省	昭通市	本科	
1139	曲靖师范学院	云南省	曲靖市	本科	
1140	普洱学院	云南省	普洱市	本科	
1141	保山学院	云南省	保山市	本科	
1142	红河学院	云南省	红河哈尼族 彝族自治州	本科	

序号	学校名称	主管部门	所在地	办学层次	备注
1143	云南财经大学	云南省	昆明市	本科	
1144	云南艺术学院	云南省	昆明市	本科	
1145	云南民族大学	云南省	昆明市	本科	
1146	玉溪师范学院	云南省	玉溪市	本科	
1147	楚雄师范学院	云南省	楚雄彝族自治州	本科	
1148	云南警官学院	云南省	昆明市	本科	
1149	昆明学院	云南省	昆明市	本科	
1150	文山学院	云南省	文山壮族苗族自治州	本科	
1151	云南经济管理学院	云南省教育厅	昆明市	本科	民办
1152	云南大学滇池学院	云南省教育厅	昆明市	本科	民办
1153	云南大学旅游文化学院	云南省教育厅	丽江市	本科	民办
1154	昆明理工大学津桥学院	云南省教育厅	昆明市	本科	民办
1155	云南师范大学商学院	云南省教育厅	昆明市	本科	民办
1156	云南师范大学文理学院	云南省教育厅	昆明市	本科	民办
1157	昆明医科大学海源学院	云南省教育厅	昆明市	本科	民办
1158	云南艺术学院文华学院	云南省教育厅	昆明市	本科	民办
1159	云南工商学院	云南省教育厅	昆明市	本科	民办
1160	滇西科技师范学院	云南省	临沧市	本科	
西藏自治区（3所）					
1161	西藏大学	西藏自治区	拉萨市	本科	
1162	西藏民族大学	西藏自治区	咸阳市	本科	
1163	西藏藏医学院	西藏自治区	拉萨市	本科	
陕西省（55所）					
1164	西北大学	陕西省	西安市	本科	
1165	西安交通大学	教育部	西安市	本科	
1166	西北工业大学	工业和信息化部	西安市	本科	

序号	学校名称	主管部门	所在地	办学层次	备注
1167	西安理工大学	陕西省	西安市	本科	
1168	西安电子科技大学	教育部	西安市	本科	
1169	西安工业大学	陕西省	西安市	本科	
1170	西安建筑科技大学	陕西省	西安市	本科	
1171	西安科技大学	陕西省	西安市	本科	
1172	西安石油大学	陕西省	西安市	本科	
1173	陕西科技大学	陕西省	西安市	本科	
1174	西安工程大学	陕西省	西安市	本科	
1175	长安大学	教育部	西安市	本科	
1176	西北农林科技大学	教育部	咸阳市	本科	
1177	陕西中医药大学	陕西省	咸阳市	本科	
1178	陕西师范大学	教育部	西安市	本科	
1179	延安大学	陕西省	延安市	本科	
1180	陕西理工学院	陕西省	汉中市	本科	
1181	宝鸡文理学院	陕西省	宝鸡市	本科	
1182	咸阳师范学院	陕西省	咸阳市	本科	
1183	渭南师范学院	陕西省	渭南市	本科	
1184	西安外国语大学	陕西省	西安市	本科	
1185	西北政法大学	陕西省	西安市	本科	
1186	西安体育学院	陕西省	西安市	本科	
1187	西安音乐学院	陕西省	西安市	本科	
1188	西安美术学院	陕西省	西安市	本科	
1189	西安文理学院	陕西省	西安市	本科	
1190	榆林学院	陕西省	榆林市	本科	
1191	商洛学院	陕西省	商洛市	本科	
1192	安康学院	陕西省	安康市	本科	
1193	西安培华学院	陕西省教育厅	西安市	本科	民办
1194	西安财经学院	陕西省	西安市	本科	

序号	学校名称	主管部门	所在地	办学层次	备注
1195	西安邮电大学	陕西省	西安市	本科	
1196	西安航空学院	陕西省	西安市	本科	
1197	西安医学院	陕西省	西安市	本科	
1198	西安欧亚学院	陕西省教育厅	西安市	本科	民办
1199	西安外事学院	陕西省教育厅	西安市	本科	民办
1200	西安翻译学院	陕西省教育厅	西安市	本科	民办
1201	西京学院	陕西省教育厅	西安市	本科	民办
1202	西安思源学院	陕西省教育厅	西安市	本科	民办
1203	陕西国际商贸学院	陕西省教育厅	咸阳市	本科	民办
1204	陕西服装工程学院	陕西省教育厅	咸阳市	本科	民办
1205	西安交通工程学院	陕西省教育厅	西安市	本科	民办
1206	西安交通大学城市学院	陕西省教育厅	西安市	本科	民办
1207	西北大学现代学院	陕西省教育厅	西安市	本科	民办
1208	西安建筑科技大学华清学院	陕西省教育厅	西安市	本科	民办
1209	西安财经学院行知学院	陕西省教育厅	西安市	本科	民办
1210	陕西科技大学镐京学院	陕西省教育厅	咸阳市	本科	民办
1211	西安工业大学北方信息工程学院	陕西省教育厅	西安市	本科	民办
1212	延安大学西安创新学院	陕西省教育厅	西安市	本科	民办
1213	西安电子科技大学长安学院	陕西省教育厅	西安市	本科	民办
1214	西北工业大学明德学院	陕西省教育厅	西安市	本科	民办
1215	长安大学兴华学院	陕西省教育厅	西安市	本科	民办
1216	西安理工大学高科学院	陕西省教育厅	西安市	本科	民办
1217	西安科技大学高新学院	陕西省教育厅	西安市	本科	民办
1218	陕西学前师范学院	陕西省	西安市	本科	
甘肃省(22所)					
1219	兰州大学	教育部	兰州市	本科	
1220	兰州理工大学	甘肃省	兰州市	本科	

序号	学校名称	主管部门	所在地	办学层次	备注
1221	兰州交通大学	甘肃省	兰州市	本科	
1222	甘肃农业大学	甘肃省	兰州市	本科	
1223	甘肃中医药大学	甘肃省	兰州市	本科	
1224	西北师范大学	甘肃省	兰州市	本科	
1225	兰州城市学院	甘肃省	兰州市	本科	
1226	陇东学院	甘肃省	庆阳市	本科	
1227	天水师范学院	甘肃省	天水市	本科	
1228	河西学院	甘肃省	张掖市	本科	
1229	兰州财经大学	甘肃省	兰州市	本科	
1230	西北民族大学	国家民委	兰州市	本科	
1231	甘肃政法学院	甘肃省	兰州市	本科	
1232	甘肃民族师范学院	甘肃省	甘南藏族自治州	本科	
1233	兰州文理学院	甘肃省	兰州市	本科	
1234	甘肃医学院	甘肃省	平凉市	本科	
1235	兰州工业学院	甘肃省	兰州市	本科	
1236	西北师范大学知行学院	甘肃省教育厅	兰州市	本科	民办
1237	兰州财经大学陇桥学院	甘肃省教育厅	兰州市	本科	民办
1238	兰州财经大学长青学院	甘肃省教育厅	兰州市	本科	民办
1239	兰州交通大学博文学院	甘肃省教育厅	兰州市	本科	民办
1240	兰州理工大学技术工程学院	甘肃省教育厅	兰州市	本科	民办
青海省(4所)					
1241	青海大学	青海省	西宁市	本科	
1242	青海师范大学	青海省	西宁市	本科	
1243	青海民族大学	青海省	西宁市	本科	
1244	青海大学昆仑学院	青海省教育厅	西宁市	本科	民办
宁夏回族自治区(8所)					
1245	宁夏大学	宁夏回族自治区	银川市	本科	

序号	学校名称	主管部门	所在地	办学层次	备注
1246	宁夏医科大学	宁夏回族自治区	银川市	本科	
1247	宁夏师范学院	宁夏回族自治区	固原市	本科	
1248	北方民族大学	国家民委	银川市	本科	
1249	宁夏理工学院	宁夏回族自治区教育厅	石嘴山市	本科	民办
1250	宁夏大学新华学院	宁夏回族自治区教育厅	银川市	本科	民办
1251	银川能源学院	宁夏回族自治区教育厅	银川市	本科	民办
1252	中国矿业大学银川学院	宁夏回族自治区教育厅	银川市	本科	民办
新疆维吾尔自治区(18所)					
1253	新疆大学	新疆维吾尔自治区	乌鲁木齐市	本科	
1254	塔里木大学	新疆生产建设兵团	阿拉尔市	本科	
1255	新疆农业大学	新疆维吾尔自治区	乌鲁木齐市	本科	
1256	石河子大学	新疆生产建设兵团	石河子市	本科	
1257	新疆医科大学	新疆维吾尔自治区	乌鲁木齐市	本科	
1258	新疆师范大学	新疆维吾尔自治区	乌鲁木齐市	本科	
1259	喀什大学	新疆维吾尔自治区	喀什地区	本科	
1260	伊犁师范学院	新疆维吾尔自治区	伊犁哈萨克自治州	本科	
1261	新疆财经大学	新疆维吾尔自治区	乌鲁木齐市	本科	
1262	新疆艺术学院	新疆维吾尔自治区	乌鲁木齐市	本科	
1263	新疆工程学院	新疆维吾尔自治区	乌鲁木齐市	本科	
1264	昌吉学院	新疆维吾尔自治区	昌吉回族自治州	本科	
1265	新疆警察学院	新疆维吾尔自治区	乌鲁木齐市	本科	

序号	学校名称	主管部门	所在地	办学层次	备注
1266	新疆大学科学技术学院	新疆维吾尔自治区教育厅	乌鲁木齐市	本科	民办
1267	新疆农业大学科学技术学院	新疆维吾尔自治区教育厅	乌鲁木齐市	本科	民办
1268	新疆医科大学厚博学院	新疆维吾尔自治区教育厅	乌鲁木齐市	本科	民办
1269	新疆财经大学商务学院	新疆维吾尔自治区教育厅	乌鲁木齐市	本科	民办
1270	石河子大学科技学院	新疆维吾尔自治区教育厅	石河子市	本科	民办

附录 B　电子技术(模电＋数电)课程调查问卷

□基础模块　　□组合逻辑模块　　□时序电路模块　　□脉冲电路模块

———————————:

你好! 为了更有效开展电子技术(模电＋数电)课程团队式教学师资队伍的建设和模块化教学,使每位学生能够"理论课知道干什么用,实验课懂得怎么用,实训课学会自己用",培养大家的创新和应用能力,现请你完成本问卷。

第一题	这一模块的理论课学习你是否掌握了老师的授课内容? 对哪些知识点掌握的还不好?
第二题	本模块实验课老师的授课内容你掌握如何? 写出所做实验涉及的关键点?
第三题	本模块实训课老师的授课内容你掌握如何? 写出所做实训涉及的关键点?
第四题	通过这一模块的学习,你是否感受到了教学团队模块化教学的好处? 谈谈自己的感受
第五题	你对本模块授课还有那些建议和意见,请如实写出来(包括理论课、实验课和实训课)

附录 C 电子技术(模电 + 数电) 课程教师听课记录表

课程名称		授课教师	
上课时间	年　　　月　　　日 星期　　　第　　　节	上课地点	
听课教师			
听课记录			

附录 D 电子技术（模电＋数电）课程阶段性教学研讨情况表

模块名称				
研讨时间	年　　月　　日		地点	
参加教师				
教学经验				
存在不足				
改进措施				

附录 E 大庆师范学院——中兴通讯 ICT 产教融合创新基地合作方案书

目录

一、合作背景

(一)数字油田建设

大庆市是中国第一大油田——大庆油田的所在地,是一座以石油、石化为支柱产业的著名工业城市,素有"天然百湖之城,绿色油化之都"之称。目前,石油石化行业正朝着数字化、信息化、智能化方向发展,数字油田则是石油石化行业信息化的必经之路。数字油田是全面信息化的油田,即指以信息技术为手段,全面实现油田实体和企业的数字化、网络化、智能化和可视化。中兴通讯充分利用优势产品和数字油田建设需求相结合,创新应用模式,定制石油石化行业云管端全方位解决方案,全面服务于数字油田,在生产现场层全面参与采油和集输的生产调度、生产监控和安防系统的建设;在通信网络层继续加强与油田的合作;在数字油田信息化系统的升级换代过程中,全面服务传输和数据中心建设等领域实现油田管理、油田科研、油田生产的数据和信息共享;在应用层参与数字油田一体化运行中心的建设,提供生产调度、安全监控、安防监控、实时诊断等功能,并与 ERP 等管理系统无缝集成。

(二)中兴通讯

中兴通讯是全球领先的综合通信解决方案提供商。本公司通过为全球 160 多个国家和地区的电信运营商和企业网客户提供创新技术与产品解决方案,让全世界用户享有语音、数据、多媒体、无线宽带等全方位沟通。公司成立于 1985 年,在香港和深圳两地上市,是中国最大的通信设备上市公司。中兴通讯拥有通信业界最完整的端到端产品线和融合解决方案,并通过全系列的无线、有线、业务、终端产品和专业通信服务,灵活满足全球不同运营商和企业网客户的差异化需求和快速创新的追求。2013 年,中兴通讯实现营业收入 752.3 亿元人民币,净利润 13.6 亿元人民币,与上一年同比增长 148%。目前,中兴通讯已全面服务于全球主流运营商及企业网客户,智能终端发货量位居全球第六及美国前四,被誉为"智慧城市的标杆企业"。中兴通讯坚持以持续技术创新为客户不断创造价值。公司在美国、法国、瑞典、印度、中国等地共设有 18 个全球研发机构,近 3 万名国内外研发人员专注于行业技术创新。2012 年,中兴通讯蝉联 PCT 国际专利申请量全球企业首位。公司依托分布于全球的 107 个分支机构,凭借不断增强的创新能力、突出的灵活定制能力、日趋完善的交付能力赢得全球客户的信任与合作。近年来,中兴通讯积极投身智慧城市建设,在全国参与了 100 多个智慧城市项目,先后获得 TMF 智慧城市年度国际大奖、IDC中国智慧城市标杆企业等智慧城市大奖。

在教育领域,中兴新思教育作为中兴通讯在教育行业的延伸,将中兴通讯领先的技术及中兴通讯企业大学知识资源前移到高等教育体系,从2006年开始积极探索与全国高校的合作模式,目前已与近百所院校开展不同深度的合作,从课程开发、专业共建、学院共办等不同的深度开展校企联合办学、携手培养ICT行业人才。为更好地促进中兴通讯在2013年提出的"政企深海市场战略",在2013年和教育部结成战略合作伙伴后,中兴通讯提出与高校开展合作办学、师资培养以及应用科研合作三个维度合作,校企的资源深度融合,在满足合作高校人才培养的基础定位上,将高校培养发展成为中兴通讯在某行业信息化应用领域的应用开发合作伙伴、本地化工程交付及运营维护合作伙伴,校企双方在各自的业务发展上相互促进,共同发展。

(三)ICT介绍

ICT是信息、通信和技术三个英文单词的词头组合(Information Communication Technology,简称ICT)。它是信息技术(以下简称IT)与通信技术(以下简称CT)相融合而形成的一个新的概念和新的技术领域。IT与CT均属于信息产业,产业特点相近,产业链有多处节点重合,相辅相成,密不可分。在信息化进程中,IT与CT的融合越来越紧密。通常,一个成功的信息应用系统必然要将IT与CT这两方面的知识和资源有机地结合起来,如智慧教育、智慧交通、智慧物流、智慧农业、智慧城市、智慧矿山、智慧医疗、智慧旅游等领域。

目前,中国经济正在面临产能过剩、环境污染、人力成本上升和规模扩张受限等一系列问题,转变经济增长方式,加快产业结构调整是中国经济较长一段时期的战略任务。ICT(信息通信技术)产业作为支撑新经济发展的重要产业,被视为经济转型的重要突破口,在经济转型过程中发挥着重要作用。ICT技术对传统产业的智能改造,能够不断促进产业结构的优化和协同发展,不断促进"信息化"和"工业化"的融合。ICT、互联网和一些新兴技术的应用与发展,正在深刻地变革人们的生活方式和思维方式,在提升劳动者素质、企业管理水平和政府管理创新等方面有着举足轻重的作用。随着4G时代的到来和100 M带宽进家庭的宽带普及,IT和CT将达到一个高度融合的程度。ICT产业发展将逐渐趋于一体化。

在经济结构转型和ICT技术融合发展的背景下,高校也面临着人才培养的结构性调整、专业结构优化和调整的问题。高校与企业的深度融合、产学研结合是实现高职教育与行业、产业对接的有效途径之一。IT和CT技术的融合发展,4G技术、云计算、物联网、移动物联网和大数据新兴技术的应用和发展,要求高校培养适应社会经济发展的高层次技术技能人才、复合型人才。因此,目前高校也面临着专业集群建设、应用技术转型的迫切需要。

二、合作基地介绍

(一)合作基地名称

基于大庆市的数字油田发展战略,大庆师范学院作为本地高校,在面向本区域的智慧城市发展的大环境下,应主要为大庆的数字油田建设和发展提供"物联网、云计算、3G/4G、下一代互联网"的应用技术人才。

在面向地方,服务产业的指导下,为促进学校的学科专业建设和人才培养有效服务区域经济发展,大庆师范学院与中兴通讯共同合作联合建设及运营"大庆师范学院 - 中兴通讯 ICT 产教融合创新基地",共同培养面向 ICT 行业综合信息应用创新的物联网、云计算、3G/4G 应用技术人才,共同建设数字油田的行业应用技术研发和应用推广中心,共同打造东北区领先的数字油田应用体验中心及应用科研基地,以及中兴通讯东北区数字油田应用推广中心。

(二)合作基地定位

1. 合作基地概述

ICT 是信息技术与通信技术相融合的技术领域。大庆师范学院 - 中兴通讯 ICT 创新基地将作为 ICT 产业的人才培养平台,在培养应用型人才的基础上,成为地区 ICT 行业的人力资源培养的实践与科研基地。因此,ICT 创新基地的设计要能够满足教学、产品体验、应用科研及推广等多种功能的共享型产学研创新实训基地要求。

2. 合作基地的功能

大庆师范学院—中兴通讯 ICT 创新基地满足三个方面的功能定位:

(1)支撑 ICT 专业群的专业实训教学,覆盖通信工程专业(4G 移动)、通信工程专业(下一代网络技术)、物联网专业、计算机应用(云计算技术)等四个专业方向。

(2)行业应用体验和展示,行业客户能够在创新基地体验到数字油田相关的设备和应用功能;

(3)满足横向科研和项目承接的需求,依托 ICT 创新基地为行业客户进行信息化建设和实施。

(4)依据基地的合作功能,在基地上面建议运行对内的"大庆师范学院—中兴

通讯 ICT 学院",开展专业合作,人才培养项目;

(5)对外成立"中兴通讯东北区 ICT 技术应用科研中心和推广中心",面向中兴通讯及其他客户提供应用科研服务、成果转化服务、工程交付及运维服务。

3.合作基地共建目标

➢一个专业群:每个创新基地能够支撑一个专业群的高质量发展,并以科研和技术服务增强自我循环及造血能力,专业发展包括且不限于:培养方案设计、课程设计、合作企业资源池构建等;

➢一个团队:组建一个项目运营团队,能够独立实施行业应用研发、项目交付、主动市场服务,并成为专业建设与发展的支撑;

➢每年一个项目:创新基地能够每年响应一项企业项目研发需求或自主实现一项行业应用创新,并成功实现可应用的方案研发;

每年 500 万行业应用成果:通过中兴通讯全球销售体系的渠道或合作院校的自我推广,创新基地每年产生价值 500 万的行业应用成果。

三、合作基地建设

(一)合作基地硬环境建设

1.技术方案建议

(1)基于云管端的系统平台介绍

ICT 产教融合创新基地技术平台基于中兴通讯 ICT 行业解决方案"云、管、端"的基本技术架构进行设计,面向应用与开发分为三部分。

①"端"

数字油田的"端"主要指数据采集与监控系统,负责数字油田信息的采集、前端设备的管理和控制,是整个系统的神经末梢。

②"管"

数字油田的"管"主要指基础网络,包括有线网络和无线网络。有线网络由光接入网、光传输网、数据承载网互联和分层建设的网络。无线网络可由 wifi 或 4GLTE 移动通信网络组建,基于最新的 4G 移动多媒体技术组建大带宽的无线网络,负责网络覆盖和终端设备的连接。

③"云"

数字油田的"云"主要指"云服务与管控系统",包括云计算基础设施平台、应用中间件平台、应用管控系统以及云应用系统开发。

数字油田"云、管、端"系统架构遵循标准的接口和协议,能够无缝集成,互联互通,图 E - 1 是系统互通拓扑图。

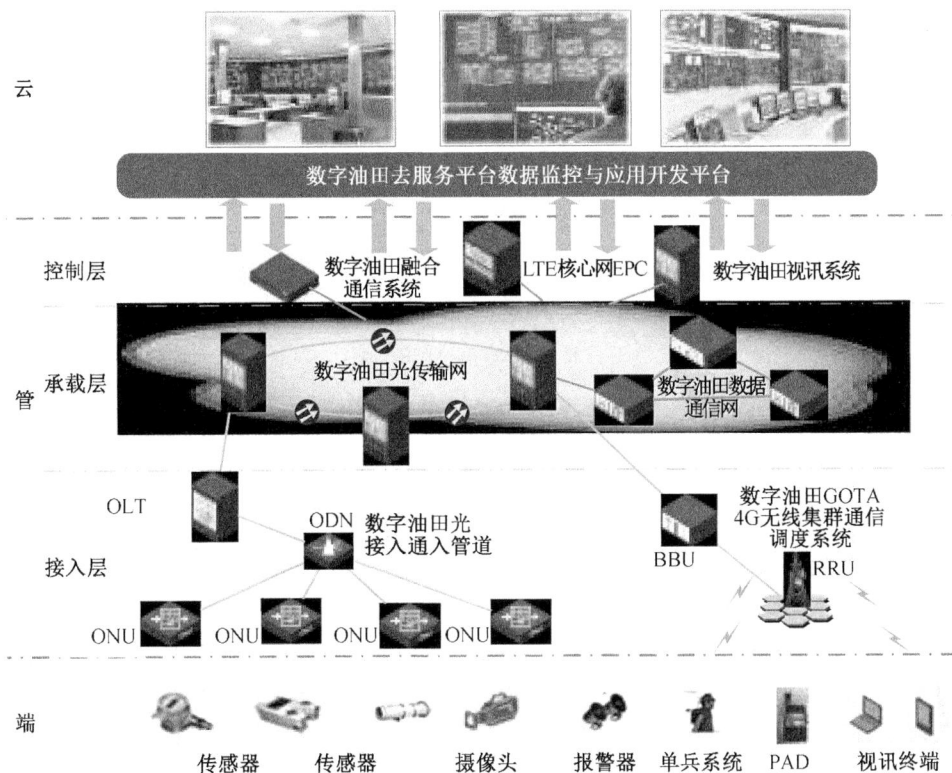

图 E - 1　系统互通拓扑图

ICT 产教融合创新基地平台建设项目是基于先进信息通信技术、计算机及其网络技术,传感网技术、结合先进的云计算平台、大数据分析工具,实现数字油田的管理自动化、信息化和智能化。系统设计具有开放、标准和通用性特点,适合做科研、教学以及行业应用开发、验证和集成等技术交付平台。

(2)各系统平台的功能及协同

ICT 产教融合创新基地的技术平台基于“云、管、端”开放和分层的技术架构,从设计上具有从上至下和从下自上的互通性,作为“端”的“数字油田数据采集与监控系统”所采集数据可通过作为“管”的有线、无线接入、光传输网与数据承载网的协同(“数字油田管道系统”)最终到达作为“云”的“数字油田云服务与管控系统”,进行数据的分析与调用,进而下发传达各种控制命令来实现交通系统的智能化。数字油田信息化平台经各子系统的互联互通、高效率协作进而完成网络的各类应用功能。整体结构如图 E‒2 所示。

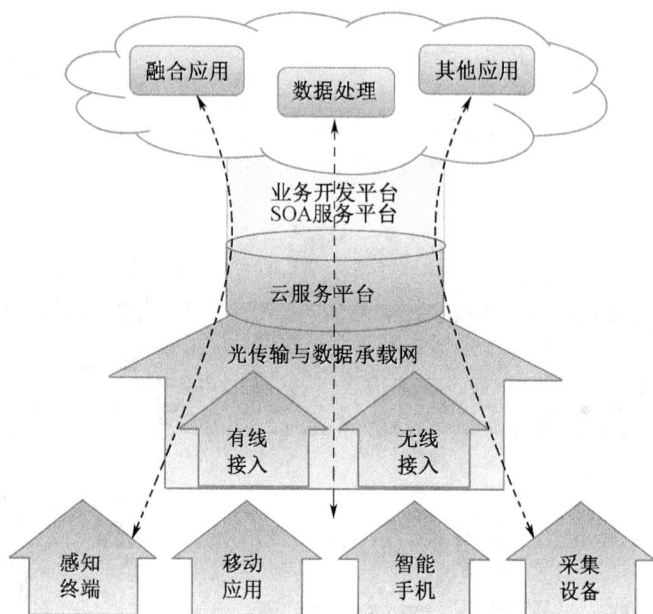

图 E‒2　数字油田信息化平台结构

　　通过数字油田数据采集与监控系统的接入、对象的数据采集,利用数字油田光接入传输技术与 LTE 无线传送技术实现相关数据的传输和通信;再将相关数据、多媒体信号通过基础数据承载网络送至控制平台、云计算平台;控制平台完成信息通信的接续;云计算子系统进行数据的存储和分析;数字油田管控系统针对应用网络进行诊断分析,以实现对于应用系统现场的统一管理和业务处理,以及模拟调度等功能,以此真正实现数字油田系统的信息化和智能化。

　　"云服务平台数据监控与应用开发平台"由云计算硬件、应用软件系统及云终端组成。其终端信息层数据通过数字油田管道系统网络进行承载发送,再经由云计算系统专用交换网关最终送至数字油田信息化云计算各个系统平台;平台则通过云计算虚拟系统单元、管理单元、云存储单元等硬件系统与资源运营管理的软件系统配合,协作完成对数据的分析及处理等功能。教师和学生可在云终端通过应用系统软件实时监控、处理相关的信息,将控制要求和信号返回通信管道平台网络,对数字油田数据管理系统进行相关控制。其运行结构如图 E‒3 所示。

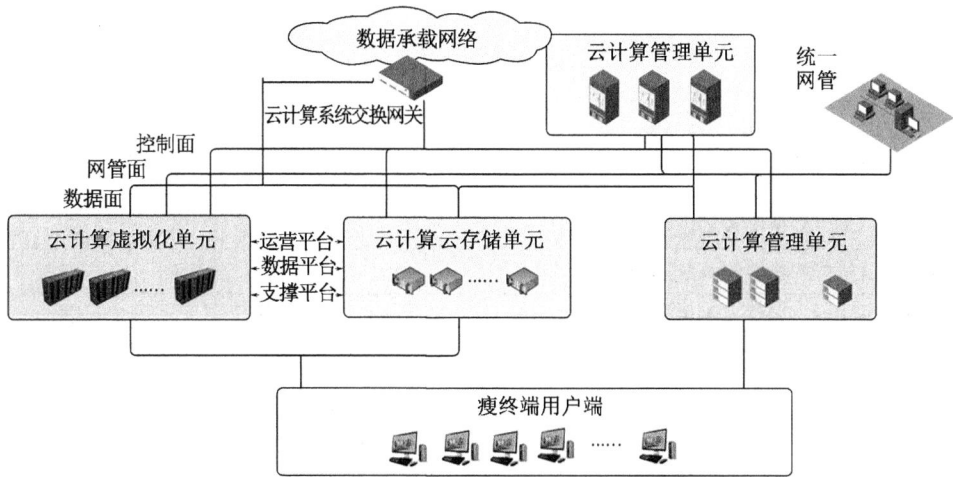

图 E-3　云服务平台数据监控与应用开发平台运行结构

综上所述,ICT 产教融合创新基地平台是一个端到端的系统工程,设备之间、系统之间无缝连接、综合集成,使用了现网的设备、先进的云计算技术,可以有效地支撑通信工程、物联网、云计算相关的教学工作,并为当地行业信息化提供样板点和示范,提供参观、考察和学习的基地;同时,学校师生和企业工程师可以基于创新平台做应用研发,项目落地实践。这样既提高了学校老师的技术能力,又提高了专业教学水平,以及专业资源和专业的发展建设。

2. 投入规划

合作基地方案包括数字油田管道系统、数字油田业务应用系统、数字油田云服务开发数据中心平台和数字油田信息安全系统,校企双方按照 1:1 比例投入。

具体模块和报价见表 E-1。

表 E-1　具体模块及其报价

序号	系统名称	品牌	数量	单位
1	数字油田管道系统			
1.1				
1.1.1	GoTa4G 核心网	中兴通讯	1	套
1.1.2	GoTa4G 核心交换网关系统	中兴通讯	1	套
1.1.3	GoTa4G 无线接入网 E-UTRAN 系统	中兴通讯	1	套

序号	系统名称	品牌	数量	单位
1.1.4	GoTa4G 数字集群终端	中兴通讯	1	套
1.1.5	移动通信网络优化系统	中兴通讯	5	套
1.1.6	移动通信仿真教学系统	中兴通讯	40	套
1.2				
1.2.1	FTTX 光接入系统局端平台	中兴通讯	1	套
1.2.2	FTTX 光接入系统用户平台	中兴通讯	1	套
1.2.3	FTTX 光接入系统 ODN 平台	中兴通讯	1	套
1.3				
1.3.1	核心路由器	中兴通讯	1	套
1.3.2	汇聚交换机	中兴通讯	1	套
1.3.3	接入交换机	中兴通讯	1	套
1.4				
1.4.1	PTN 分组传输系统	中兴通讯	1	套
1.4.2	SDH 光传输系统	中兴通讯	1	套
1.5				
1.5.1	通信专用电源系统	中兴通讯	1	套
	小计			
2				
2.1				
2.1.1	综合业务交换单元	中兴通讯	1	套
2.1.2	统一通信系统	中兴通讯	1	套
2.1.3	生产调度指挥系统	中兴通讯	1	套
2.2				
2.2.1	视频会议 MCU 系统	中兴通讯	1	套
2.2.2	视频会议终端系统	中兴通讯	1	套
2.2.3	配套设备及材料	中兴通讯	1	套
2.3				
2.3.1	视频监控控制系统	中兴通讯	1	套
2.3.2	视频监控前端系统	中兴通讯	1	套

序号	系统名称	品牌	数量	单位
2.3.3	配套设备及材料	中兴通讯	1	套
	小计			
3				
3.1				
3.1.1	云计算虚拟系统单元	中兴通讯	1	套
3.1.2	云计算控制管理单元	中兴通讯	1	套
3.1.3	云计算存储管理单元	中兴通讯	1	套
3.1.4	云计算存储单元	中兴通讯	1	套
3.1.5	云计算弹性计算系统	中兴通讯	1	套
3.1.6	云计算资源运营管理系统	中兴通讯	1	套
3.1.7	分布式文件存储系统功能套件	中兴通讯	1	套
3.1.8	云桌面虚拟化套件	中兴通讯	1	套
3.1.9	云计算系统专用交换网关	中兴通讯	1	套
3.2				
3.2.1	信息交换服务总线（iESB）系统	中兴通讯	1	套
3.2.2	业务流程管理（iBPM）系统	中兴通讯	1	套
3.2.3	管控开放平台	中兴通讯	1	套
	小计			
4				
4.1	安全网关设备	中兴通讯	1	套
4.2	网络设备	中兴通讯	1	套
4.3	配套材料	中兴通讯	1	套
	小计			
合计				

3.详细技术方案详见附件 I

（略）

4.基地服务的专业群实训

(1)通信工程专业

本专业介绍如表 E-2 所示。

表 E-2 通信工程专业介绍

专业方向	专业介绍	主要平台	主要课程
通信工程专业(4G 移动通信方向)	掌握移动通信技术的基本原理,具备移动通信设备的检测、调试、组装、维护能力;能够从事移动通信网络系统的施工、维护、优化、组织、管理,同时具备移动通信工程设计、4G 系统设备开通与调测、4G 系统设备运行与维护、4G 移动业务支撑等能力,适应 4G 移动通信产业发展需要的应用型工程人才	(1)数据网络实训平台; (2)PTN(分组传送网络)实训平台; (3)4G LTE 移动通信实训平台; (4)4G LTE 网络优化实训平台; (5)4G LTE 仿真教学系统实训平台	(1)计算机网络与应用; (2)数据通信; (3)光传输技术; (4)通信工程设计; (5)4G 移动通信技术; (6)传输网络配置管理与维护; (7)数据网络配置管理与维护; (8)4G 移动网络配置与组建; (9)4G 移动网络规划与优化
通信工程专业(下一代网络及信息化方向)	掌握下一代网络及信息化专业方向相关核心技术的基本原理,具备下一代网络及信息化专业方向相关设备的检测、调试、组装、维护能力,能够从事下一代网络及信息化网络、系统的规划、优化、维护、营销等工作,适应基于下一代网络 IP 技术的、与企业信息化要求相适应的技术专业知识的实用型技术人才	(1)数据网络实训平台; (2)光接入(EPON/GPON)实训平台; (3)光传输(SDH/PTN)实训平台; (4)视频监控实训平台; (5)视频会议实训平台; (6)融合通信实训平台; (7)通信工程施工实训平台	(1)计算机网络与应用; (2)数据通信; (3)光传输技术; (4)光接入技术; (5)下一代网络 IP(IPv6)技术; (6)视频监控技术; (7)传输网络配置管理与维护; (8)数据网络配置管理与维护; (9)无源光接入网配置管理与组建; (10)视频监控网络配置管理与维护; (11)综合布线技术

（2）物联网工程专业

物联网工程专业介绍如表 E-3 所示。

表 E-3　物联网工程专业介绍

专业方向	专业介绍	主要平台	主要课程
物联网工程	培养掌握通信系统、通信网络、传感网络的基础理论、组成原理和设计方法，掌握物理网感知层、网络层、应用层关键技术，能够进行传感器产品研发，嵌入式软件设计，嵌入式软件测试，物联网软件编程，物联网软件测试，物联网项目管理和商务销售等；能够胜任物联网应用系统规划、分析、设计、开发、部署、运行维护等工作的高级工程技术人才、厚基础宽口径的复合型人才	数据网络实训平台 （1）光接入（EPON/GPON）实训平台； （2）光传输（SDH/PTN）实训平台； （3）LTE 无线接入网络实训平台； （4）视频监控实训平台	（1）光接入技术； （2）光传输技术； （3）数据通信； （4）4G 无线通信技术； （5）射频识别（RFID）技术； （6）基于 RFID 的物联网应用开发； （7）物联网嵌入式技术（ARM 嵌入式开发）； （8）物联网中间件技术； （9）物联网应用系统设计与开发； （10）视频监控技术； （11）数据网络配置与维护； （12）无源光接入网配置管理与维护； （13）传输网络配置管理与维护； （14）G 移动通信网络配置与组建

（3）计算机科学与技术专业（云计算方向）

本专业介绍见表 E-4。

表E-4 计算机科学与技术专业(云计算方向)介绍

专业方向	专业介绍	主要平台	主要课程
计算机科学与技术(云计算)	培养掌握信息与计算科学技术基本理论、计算机网络技术与基本原理、计算机软件工程及技术、云计算虚拟化技术、分布式计算、分布式文件系统、云存储、网络虚拟化技术领域相关技术,并能够进行软件、Web应用开发、移动APP开发、测试和维护,能够对云计算系统进行部署、安装、测试和维护,并能够对云计算技术及系统进行开发、研究的应用技术型高级人才	(1)云计算虚拟化资源管理实训平台; (2)虚拟云桌面实训平台; (3)云计算弹性计算系统实训平台; (4)云存储系统实训平台;	(1)程序设计(C,C++,JAVA,PHP,C#); (2)Web应用开发(JSP,ASP,JavaScript,jQuery,PHP); (3)数据库技术(Sqlserver,Oracle,MySQL,PostgreSQL); (4)Linux操作系统管理; (5)Linux编程技术; (6)云计算技术; (7)计算虚拟化技术(KVM,XEN,libvirt,VMM,Hyper-V); (8)存储虚拟化技术(共享存储技术、分布式文件系统); (9)虚拟网络技术(vswitch,SDN); (10)云安全技术; (11)云计算系统搭建与调试

5.基地实现的科研方向

(1)数据采集与控制系统实训科研项目

利用该平台可开展的部分ICT创新科研项目如表E-5所示。

表E-5 ICT创新科研项目

序号	科研项目
1	现场图像采集系统开发
2	视频监控管理平台开发
3	视频会议管理平台开发
4	……

(2)管道系统支撑科研项目

利用该平台可开展的部分科研项目如表E-6所示。

表 E - 6 管道系统支撑科研项目

序号	科研项目项目
1	信息中心呼叫系统开发
2	光接入网络系统开发
3	无线网络联通组网开发
4	网络综合接入网管开发
5	数据资源配置开发
6	通信协议栈应用开发
7	IGMP 二层功能配置开发
8	MSTP 功能配置开发
9	……

（3）云服务和管控系统支撑实训科研项目

利用该平台能实现教学支撑的实训科研项目如表 E - 7 所示。

表 E - 7 云服务和管控系统支撑实训科研项目

序号	科研项目
1	云计算软件架构设计
2	链接克隆和内存复用技术
3	备份和恢复技术
4	虚拟机快照、迁移技术
5	动态资源调度技术
6	分布式存储技术
7	虚拟机资源在线调整技术
8	GPU 直通原理和应用
9	应用虚拟化技术
10	自动部署/应用弹性伸缩技术
11	负载均衡技术
12	云计算安全技术
13	云计算软件架构设计
14	SOA 技术应用
15	Webservice 接口开发
16	主数据管理技术
17	系统接口开发
18	移动应用系统接口开发
19	应用集成技术

6. 合作基地Ⅵ效果

合作基地将成为区域性的数字油田样板点,承接中兴通讯及其他行业客户的参观和交流,客户可在创新基地体验到最新的行业应用、设备展示、功能体现。整体的 VI 要求与常规的实训基地有不同,如图 E-4 所示。

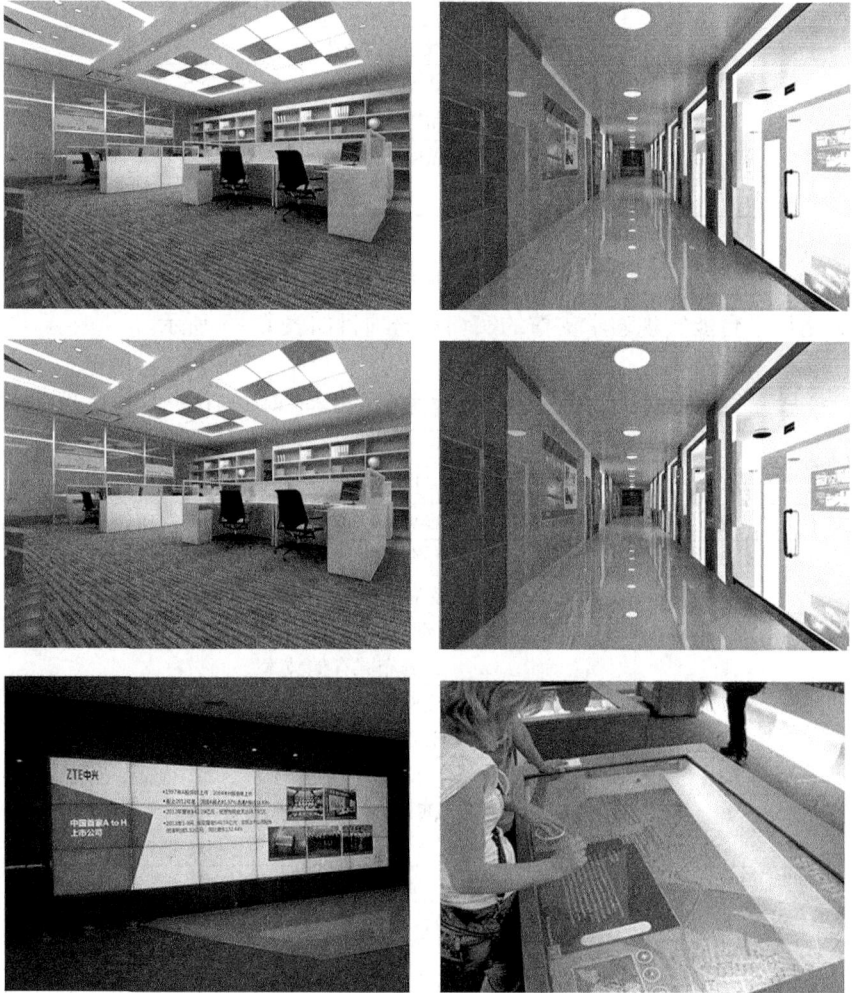

图 E-4 合作基地 VI 效果

（二）合作基地软资源建设

1. 面向"中兴通讯 ICT 学院"的双师型师资培养及团队建设

（1）师资培养方式

①集中培训：开放中兴通讯企业大学 – 中兴通讯学院的技术培训资源，中兴新思教育将为高校教师制订持续的知识更新计划：包括课程课件的更新，结合行业发展趋势，对相关课程内容进行补充与替换；对教师进行再培训，保证教师的知识体系结构和行业最新的技术发展相同步。

②行业项目顶岗培训：开放行业信息化项目资源，让高校师资与企业应用科研人员一起参与应用科研开发，并参与到工程交付环节，以实际的岗位和工作进行定岗培训。

（2）师资团队建设

由中兴派驻企业工程师与学校一起共同组成双师型师资团队，共同培养合作专业的学生。

2. 面向"中兴通讯东北区区 ICT 技术应用科研中心和推广中心"的科研师资的培养及团队建设

（1）科研团队建设

基地科研团队由企业的应用人员和学校具有通信、电子、计算机相关专业技术背景的师资共同组成。科研团队在基地中承担双重角色，第一重角色是双师型师资，负责相关专业的课程的建设和学生的培养；第二重角色是科研人员，按照企业化的项目管理要求，完成应用科研项目。组织架构图 E – 5 所示。

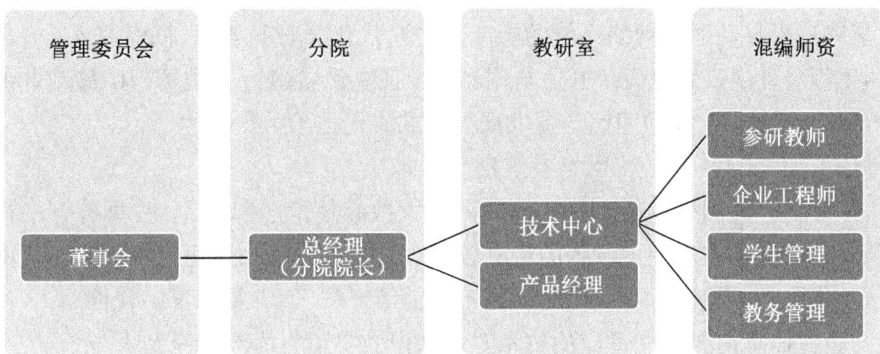

图 E – 5　科研团队组织架构

（2）科研团队培养

针对高校的师资在技术层面的科研能力及科研管理进行系统化培训，由中兴通讯组织师资在每年的暑期到中兴进行科研管理能力培养。

（3）科研团队管理

学校和中兴在合作初期在校内成立"中兴通讯华南区 ICT 技术应用科研中心和推广中心"，按照学校的二级管理部门进行日常的行政管理，在具体的科研项目管理上，企业为主导，以企业的项目化管理方式以单一项目方式进行团队管理，以单一项目的收益进行行业绩考核和奖励。

四、合作基地"中兴通讯 ICT 学院"运营实施建议

（一）合作载体及专业

1. 合作载体

双方依据合作基地覆盖的专业群，共同建设成立"＊＊大学—中兴通讯 ICT 学院"（以下简称"ICT 学院"）。ICT 学院在＊＊大学内部是二级学院，由相关的专业群构成。

2. 合作专业介绍

ICT 学院按照 ICT 行业技术和行业组成，在学校现有的专业上开展合作，具体专业如下。

（1）通信工程（4G 移动通信方向）

掌握移动通信技术的基本原理，具备移动通信设备的检测、调试、组装、维护能力；能够从事移动通信网络系统的施工、维护、优化、组织、管理，同时具 4G 备移动通信工程设计、4G 系统设备开通与调测、4G 系统设备运行与维护、4G 移动业务支撑等能力，适应 4G 移动通信产业发展需要的应用技术工程人才。

（2）通信工程（下一代网络及信息化方向）

掌握下一代网络及信息化专业方向相关核心技术的基本原理，具备下一代网络及信息化专业方向相关设备的检测、调试、组装、维护能力，能够从事下一代网络及信息化网络、系统的规划、优化、维护、营销等工作，适应基于下一代网络 IP 技术的、与企业信息化要求相适应的技术专业知识的实用型技术工程人才。

（3）物联网工程

培养掌握通信系统、通信网络、传感网络的基础理论、组成原理和设计方法，掌握物理网感知层、网络层、应用层关键技术，能够进行传感器产品研发，嵌入式软件

设计,嵌入式软件测试,物联网软件编程,物联网软件测试,物联网项目管理和商务销售等;能够胜任物联网应用系统规划、分析、设计、开发、部署、运行维护等工作的高级工程技术人才、厚基础宽口径的复合型人才。

(4)计算机应用(云计算方向)

培养掌握信息与计算科学技术基本理论、计算机网络技术与基本原理、计算机软件工程及技术、云计算虚拟化技术、分布式计算、分布式文件系统、云存储、网络虚拟化技术等领域的相关技术,并能够进行软件、Web 应用开发和移动 APP 开发、测试和维护,能够对云计算系统进行部署、安装、测试和维护,并能够对云计算技术及系统进行开发、研究的应用技术型高级人才。

(二)合作机制

1. 校企共建二级学院

双方以有形或无形资源实现投入,并以此为基础,形成二级学院对应比例的权、责、利关系。

(1)学校提供办学场地和实训环境,并搭建能实现合作专业的基础课程的实验环境。

(2)在基地的技术平台(价值)建设上,校企双方按照 1∶1 比例进行投入。

(3)在专业办学上,学校提供专业所需的指标并实施招生工作。

(4)在专业建设上,企业主导专业核心课程的建设及发展。

(5)在专业教学上,学校组织团队实施公共课和基础课以及基础技术课教学;企业派驻企业工程师承担专业核心课程的教学。

(6)在职业能力培养上,企业负责学生的职业能力建设及培养。

(7)在实习及就业环节,企业搭建就业资源池,为学生提供 1 对 1 的就业推荐及服务。

2. 校企共管二级学院

(1)建立教学过程管理、专业发展管理的企业特区

①企业专职院长聘任制(建议企业担任副院长,并具有明确专业管理分工);

②专业课程教学管理以企业意见为主;

③专业课程教学实施绩效管理及企业聘任;

(2)专业发展双轨制

①教学双轨制

a. 第二职业素质教育:大学为主;

b. 第一职业素质教育:企业为主。

②发展双轨制

a. 大学主体的教学与科研突破与创新;

b. 企业主体的教学与技术应用突破与创新。

3. 以市场驱动工程应用创新与实践

(1)以中兴通讯技术及产品为基础,开展工程应用创新与实践创新;

(2)学生与教师为工程应用创新的人员主体;

(3)企业提供工程应用的技术支持、人员训练支持;

(4)企业为主,进行工程应用创新的市场拓展管理和项目管理。

(三)中兴资源投入

1. 企业教学资源投入

(1)与行业发展同步的设备持续投入

①企业和高校按照 1:1 比例投入专业核心应用课教学所需的现网设备来建设实训环境(价值 **** 万);

②在合作期内企业负责设备更新换代,以保障与现网商用技术同步;

(2)专业核心技术应用课程建设及教学

①企业委派工程师到学校现场实施模块化教学;

②企业开放培训资源培养高校师资的技术能力和工程授课能力;

③企业派驻本地化的团队与高校师资一起在合作期间开展专业内涵的建设和校企合作亮点的提升。包括教材出版,大赛参与,行业认证等。

(3)职业素质教育实施

企业按照与校方拟定的职业素质教育方案,全程承担职业素质教育过程;具体详见本方案的第四部分第 5 点。

(4)实习与就业

企业完成全部学生的实习与就业推荐,具体详见本方案的第四部分第 6 点。

2.专业发展与运营投入

具体项目如图 E-6 所示。

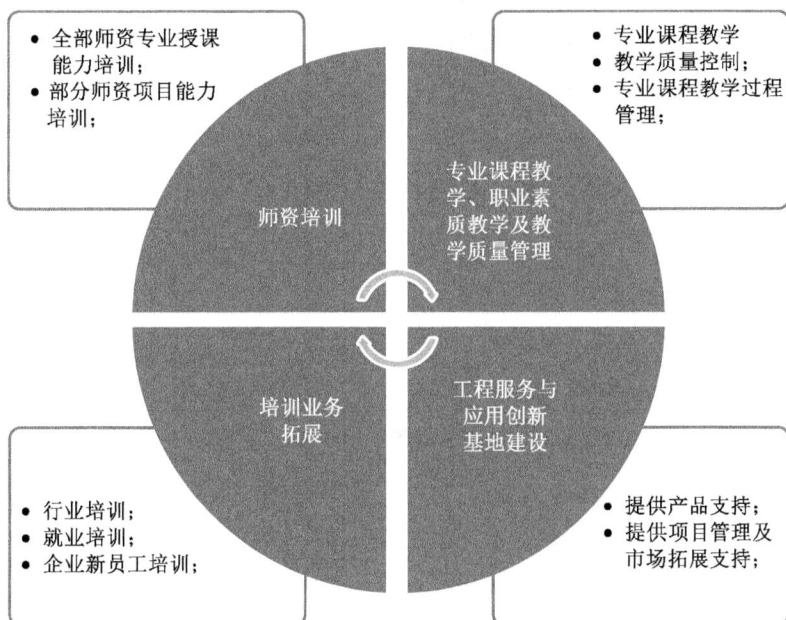

E-6　专业发展与运营投入结构图

(四)企业技术教学服务

具体内容如表 E-8 所示。

表 E-8　企业技术教学时间表

序号	时间	教学活动
1	招生	招生团队培训
		招生素材提供
		专业咨询
		招生宣讲

表 E-8(续)

序号	时间	教学活动
2	入学	通信技术认知(讲座)
		通信岗位认知课程(讲座)
		通信体验课(讲座)
		通信企业参观(校外活动)
		SMART 测评(校内活动)
		对话通信(视频讲座)
		通信实验室参观(校内活动)
		大学新生如何适应大学生活(讲座)
		拓展活动(校内活动)
		NC 教育特色了解(讲座)
3	教育实施阶段	人才培养方案(教学计划与授课计划)
		实训设备配套支持;
		VI 设计及 VI 活动
		校方师资培训与认证
		企业师资集中承担专业课程教学
		教学质量控制
		教学管理
		认证
		教材开发
		教材提供
		专业建设(精品课程开发、资源池建设、网站建设、专业内涵建设等)
		职业素质教育课堂教学
		职业素质教育课外活动
		专业培优(大赛等)
		企业奖学金

表 E-8（续）

序号	时间	教学活动
		特困生
4	岗前培训阶段	岗前培训课程输出
		岗前培训课程实施
		企业走进校园（讲座、对话、企业新员工培训）
5	职业评估阶段	阶段评估
		毕业评估
		求职能力评估
6	就业阶段	顶岗实习
		招聘会
		就业辅导
		就业推荐
		毕业设计
		企业资源池建设
		学生就业跟踪与反馈
7	增值服务	企业技能认证培训
		国家技能认证培训
		定制化培养

（五）企业职业教学服务

"中兴通讯 PQT 职业教育体系"共分为：准职业人导向、职业定位与发展、求职能力提升三阶段，相关作用如下。

1. S1-S2 阶段——准职业人导向训练

（1）培养目标

本阶段课程以准职业人的素质要求为目标，培养学生的职业礼仪、表达及沟通能力。通过本阶段的训练,学生能够初步具备职场所需的礼仪,能清晰地进行自我介绍向外展现自己。

(2)课程大纲

如表 E - 9 所示。

表 E - 9 S1 - S2 阶段课程大纲

课程模块	知识点	实施方式	组织形式
1. PQT 课程与就业	1.1 PQT 课程与就业的关联度	CRT(课堂讲授)	集中大课
	1.2 PQT 课程体系总览		
	1.3 PQT 课程行为规范		
2. 表达能力训练	2.1 小组介绍及自我介绍	TDT(任务驱动式教学)	小班授课
	2.2 文档制作(PPT、WORD、EXECL)	CRT(课堂讲授) RTC(课程延续训练)	小班授课
	2.3 推销自己	TDT(任务驱动式教学)	小班授课
3. 准职业人导向训练	3.1 从企业角度来看"准职业人"	TDT(任务驱动式教学)	小班授课
	3.2 职场礼仪	TDT(任务驱动式教学) CRT(课堂讲授)	小班授课
	3.3 职场礼仪日(每周4)	RTC(课程延续训练)	——
	3.4 社会劳动力供给状况调研	RII(行业课题调研)	社会调研
4. 沟通能力训练	4.1 每日一讲(专业课时,学生主讲"课前回顾")	RTC(课程延续训练)	——
	4.2 有效沟通(口头、邮件、文档、拜访)	CRT(课堂讲授) RTC(课程延续训练)	小班授课
	4.3 比赛:通信百科知识竞赛	RTC(课程延续训练)	竞赛
5. 计划和执行力	5.1 目标、计划与执行	CRT(课堂讲授)	小班授课
	5.2 座谈会:学长谈"我的学习目标及计划达成"	RTC(课程延续训练)	小班授课
	5.3 主题班会:说到做到	RTC(课程延续训练)	——

（3）重点关注

在本阶段,职业导师首先要把组织课堂训练能力的提升放在首位,将学生由被动地接受知识,逐渐引导转向为任务驱动式的学习过程,提升学生主动性并形成习惯。

2. S3 - S4 阶段——职业定位与发展

（1）培养目标

通过本阶段训练,学生对通信行业的整体发展情况、细分行业、典型企业和岗位、职业环境和职业发展通道有较为清晰的认识;学生能够对自己的职业生涯进行有效规划并能清楚了解自身与行业要求的差距。

（2）课程大纲

如表 E - 10 所示。

表 E - 10　S3 - 5 阶段课程大纲

课程模块	知识点	实施方式	组织形式
1.行业认知	1.1CT8 大细分行业调研	TDT（任务驱动式教学） RII（行业课题调研）	小班
	1.2 企业走进校园系列活动—5 大细分行业职业环境认知	ECT（企业融合教学）	集中大课
	1.3CT 及 IT 行业职业发展通道（专业课师资支持）	CRT（课堂讲授） ECT（企业融合教学） RII（行业课题调研）	小班
2.职业生涯规划	2.1 寻找"我与行业的差距"	TDT（任务驱动式教学） RII（行业课题调研）	小班
	2.2 我的职业生涯规划及设计	CRT（课堂讲授） RTC（课程延续训练）	小班
	2.3"我的职业生涯规划与设计"大赛	RTC（课程延续训练）	竞赛
3.面试能力训练	3.1 如何拟写简历	CRT（课堂讲授） RTC（课程延续训练）	小班
	3.2 选定意向就业的梯队企业群	RII（行业课题调研） TDT（任务驱动式教学）	小班
	3.3 面试训练	CRT（课堂讲授） RTC（课程延续训练）	小班

3. S5 阶段——就业能力提升训练

(1)培养目标

通过本阶段训练,学生能顺利通过面试关,同时拥有在企业有工作一年以上的职业心态,进而提升学生的就业竞争力。引导学生树立正确的职业价值观就是本阶段的培养目标,本阶段培养内容包括:简历制作、面试能力提升和职业心态引导。

(2)课程大纲

如表 E – 11 所示。

表 E – 11 S5 阶段课程大纲

课程模块	知识点	实施方式	组织形式
1.职业心态引导	1.1 就业案例与职场问题分析	CRT(课堂讲授)	小班
	1.2 职场成功与失败的关键问题分析调研	RII(行业课题调研) TDT(任务驱动式教学)	小班
	1.3 与职场精英面对面	ECT(企业融合教学)	集中大课
2.动员大会	2.1 学生演讲"求职,我准备好了"	TDT(任务驱动式教学)	小班
	2.2"我在企业工作满一年"岗前宣誓动员大会	RTC(课程延续训练)	—

(六)企业就业服务

就业支持明确定义为"中兴新思教育搭台,中兴新思学员唱戏",学员在众多的企业资源池中进行自主选择及就业。

1.定制化培养提前预就业

企业面向 NC 学员进行预招聘,组建"卓越工程师班",并在教学过程中实施符合公司需求的培养方案,培养更符合企业个性需求的学员。

2.企业专家担任学生职业导师提前预就业

以 1∶10 比例聘请企业技术领域、人力资源管理领域专家担任学生的职业导师,将就业与培养过程相结合。

3.暑期岗位认知实习关联就业

暑期岗位认知实习让学员直接参与到通信行业实际项目中工作,企业在实习过程中实施符合公司需求的培养方案,将实习学员定位为准招聘员工。

4.专场招聘会

学员数量达到一定规模的区域,组织通信及信息行业专场招聘会。100% 企业属于行业内企业,100% 岗位与所学专业相符。

5.就业推荐

针对未能参加定制化培养,同时在专场招聘会未被录用的学员,提供个体一对一的就业推荐。

(七)校企双方投入及收益

1.校企双方投入

(1)指标

➢合作专业每年不低于 350 人指标;实际到校人数不低于 320 人/届。

(2)专业建设与投入

➢专业建设由校企双方共同参与,校方负责公共课和基础课,企业方主导专业技术课,并依据技术发展随时更新课程体系,保障专业建设与技术发展同步。

➢校方提供教学环境、实验室环境及配套的教学终端。

➢企业和高校按照 1∶1 比例投入专业核心应用课教学所需的现网设备来建设实训环境(价值 **** 万)。

➢在合作期内企业负责设备更新换代,以保障与现网商用技术同步。

(3)教学管理

➢合作专业的教学教务运作管理遵循校方的制度实施。

➢专业课程教学按照企业模式管理,教学质量控制接纳企业标准并全程实施。

(4)师资培训

➢企业免费培养校方所需专业方向课程师资。

(5)教学实施

➢公共课、基础课、专业基础技术课:由校方承担。

➢专业核心技术课:由企业方委派企业师资以模块化的方式在校内实施教学。

(6)职业素质教育

➢企业承担职业素质教育课程。

(7)实习与就业

➢企业承担全部学生实习安排与就业推荐工作。

2.校企双方收益

(1)校方收益

①社会效益

a.面向转型发展的大趋势下,与全球性企业开展深度的校企产学研合作,在模式和机制上的创新突破。

b.参与企业行业应用项目的科研开发,用行业项目反哺专业教学实践,提升师资及学生的应用技术能力。

c.校企共同合作专业,引入企业的资源快速建设符合行业发展需求的专业,提升专业在区域内的影响力。

d.校企合作专业,由企业负责针对性就业推荐,解决学生就业对口率低现状,提升专业品牌。

e.基地服务 ICT 行业信息化,服务区域内行业信息化需求,扩大在行业的服务能力和影响力。

②经济效益

a.在初期建设过程中,校企按照 1∶1 比例投入(价值 ＊＊＊＊ 万),校方减少面向区域智慧城市发展所需的专业跟踪的投入。

b.在合作过程中,企业负责合作专业的更新换代投入,校方减少了专业跟进行业发展所需的实训投入。尤其是合作的信息化领域专业,发展更新换代尤为快速,合作后校方于此方面的花费将大量节省。

c.在合作期间,合作专业的高校师资的技术能力培养以及科研能力的培养,由企业提供免费培训,学校减少了师资培训的投入。按照每师资每年 1 万元的培训支出计算,合作期间高校至少节省了 150 万的培训经费。

d.在合作期间,基地响应中兴通讯每年 500 万的行业应用项目,对于项目的科研开发经费和工程交付经费,在前三年中兴不截留。

e.在合作期间,基地响应的国家和行业市场的信息应用项目的科研经费。

(2)企业收益

在现有学费基础上,ICT 学院学生每年增收 4 500 元/人/年作为企业的收益。

五、合作基地"ICT 技术应用科研和推广中心"运营实施建议

(一)科研项目来源

1.中兴通讯行业信息化项目

中兴通讯每年至少响应中兴通讯政府企业网市场的 500 万行业应用项目。

中兴通讯政府企业事业部是中兴通讯二级部门,负责全国政府和行业企业客户市场。自其成立到现在的 10 年期间,该部门凭借对行业和客户需求的深度理解,依托全球 18 个研发中心和 107 个分支机构,致力于为各行业客户提供专业、高

效的 ICT 解决方案。重点聚焦在能源、交通、政府、公共事业(含医疗、教育、广电)、金融、互联网这 6 大行业以及物流等潜力产业,向客户提供 30 个跨应用场景的综合解决方案和超过 100 个面向行业的子方案。在政府和企业市场上,中兴通讯一直以来都把"互惠互利、合作共赢"作为合作理念,除了通过直销方式在行业市场进行大力拓展的同时,大力建设全球渠道网络,目前已与全球 50 多个国家和地区的 3800 多家渠道代理商合作共同服务行业市场。2013 年市场业绩占中兴通讯股份公司的 20% ,约 200 亿人民币。如图 E - 7 所示。

政企业网业务跨跃式增长

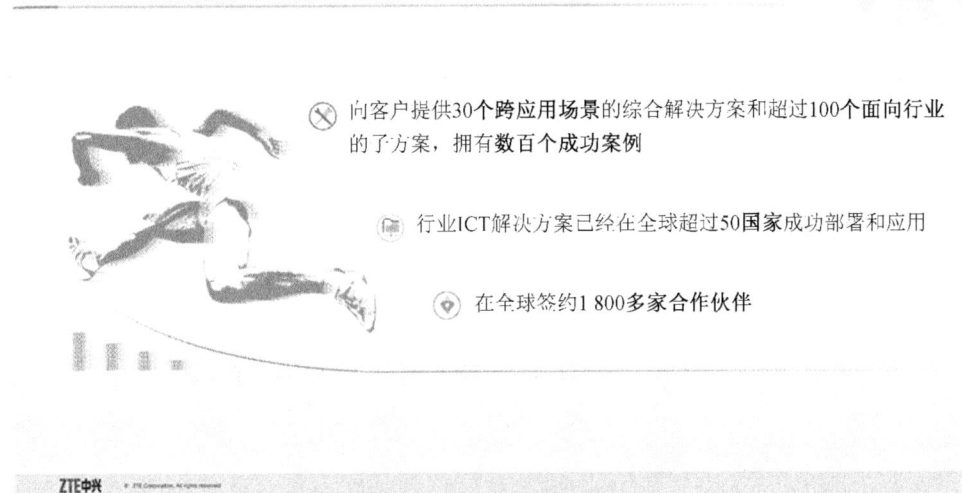

图 E - 7 中兴通讯政府企业事业部

2.行业企业项目

基地建设后,校企双方利用创新基地共同面向——区域企业、政府和事业单位开展四技服务,即技术开发、技术转让、技术咨询、技术服务(含技术培训、技术中介)及市场推广。

3.纵向课题

基地建设后,利用基地的企业和学校混编的科研团队共同申报和承接国家课题。

(二)科研管理

1.合作初期模式

在合作初期,双方共同成立"ICT 技术应用研究及推广中心"进行科研项目开发交付。由企业的科研人员引导学校老师进行高效地科研开发,培养和锻炼高校师资的科研能力。中心是基地科研合作的一个过渡模式,待学校师资团队成为独立的科研团队后,双方可进入第二阶段的合作模式。

2.第二阶段合作模式

研究中心是基地科研合作的一个过渡模式,待学校师资团队成为独立的科研团队后,双方可进入第二阶段的合作模式。独立的标志是团队独立进行信息化方案设计,独立与客户进行交流,独立按照客户需求进行技术开发及交付。

3.权能分配

研究中心是校内的二级部门,由学校进行行政管理,企业进行业务管理。

4.经费管理

在初期中心模式合作期间,合作双方对于研究中心的科研经费进行不截留,作为研究中心团队的科研支出及基地的建设,以及团队的激励。

(三)运营及管理模式

1.运营模式

研究中心作为探索模式。在运营两到三年团队可独立进行科研项目交付后,双方总结研究中心的运营经验,并依此制定校企科研下一阶段的运营管理机制、团队建设培养机制、行业市场项目引进机制,并依据校企双方在基地建设中的投入比例,友好协商以股份制公司的形式共同成立法人单位,对外进行技术研发、市场推广、方案交流、工程交付等业务。

2.运行管理机制

依据基地的定位及发展方向,建议共同成立管理委员会(以下简称"管委会")对于"科研中心"(以下简称"中心")进行管理,实施管委会管理下的中心主任负责制。

➢建立管委会,旨在按照校企双方的合同条例要求,依法办学及科研,规范管理,增强中心的办学和科研能力和活力,更好地培养高质量、高素质的社会主义建设事业的高技能人才,服务教育信息化的行业应用。

➢管委会是的中心沟通协调机构,按照相互尊重、相互谅解、积极协商、民主决策的原则处理日常工作。

➢管委会由合作双方的主要领导组成,管委会设主任1人,由校方指派,副主任三名,分管财务副主任(1名),分管业务副主任(2名),其中一名业务副主任由学校委派,并兼任中心技术总监,另一名副主任由企业指派(架构如图 E - 8 所示)。

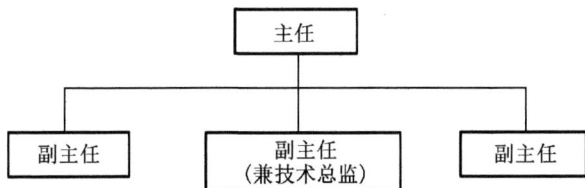

图 E-8 管委会架构图

➤管委会可依据需要设置秘书处,审计处或其他工作机构,经管委会全票认可后开展相关工作。

➤管委会的权责

①聘任和解聘中心的副主任或以上级别的人员。

②审议和制订中心的总体发展规划,批准年度工作计划。

③审议中心的年度工作报告,对中心工作提出建议和意见。

④审议和批准中心的科研经费的预决算,批准重大开支项目,对中心的经费使用进行监督、检查和审计。

⑤决定正式编制员工的编制定额和工资标准。

⑥讨论决定其他必须由管委会做出决定的重要事项。

⑦多渠道筹措资金,为中心的发展提供必要的资金保障。

⑧协调和整合合作双方的资源和关系,为中心对外承接科研项目及行业项目创造良好的外部环境。

⑨履行其他应尽的义务。

➤中心实行管委会领导下的中心主任负责制度,设中心主任一名,按照管委会的统一决策,全面负责中心的日常工作。

➤中心行政组织架构如图 E-9 所示。

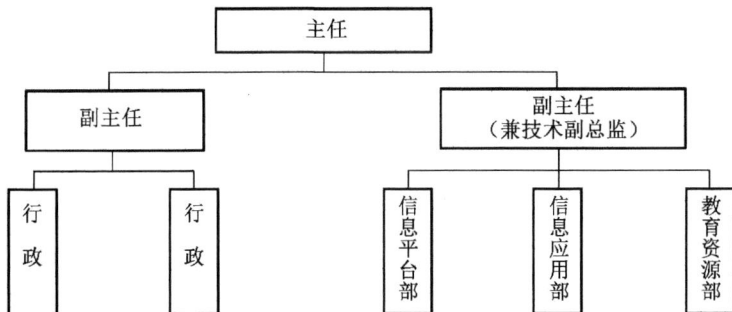

图 E-9 中心行政组织架构

➤中心主任及副主任应由符合省教育行政主管部门规定资格的人员担任,中心主任1名,副主任2名,分管行政和业务(由企业委派,兼任技术副总监),并由管委会聘任或解聘,每届任期一年,可以连选连任。

➤中心主任的权责

①拟订中心的发展规划及经营规模。

②制定具体规章制度和制订年度工作计划并组织实施。

③建设及管理团队。

④负责中兴的日常管理工作。

⑤拟定和执行中心的年度财务预算,执行中兴的财务制度。

⑥整合合作双方的资源,挖掘及承接科研项目以及行业信息化项目。

⑦依据合同约定,整合资源进行中心的持续建设。

⑧对中心发展的重大事项提出建议和意见。

⑨院长应当享有的其他权利并接受管委会的考核。

⑩实施学院的发展规划,执行学院的工作计划和规章制度。

➤副主任(行政)的权责。

①负责中心的人事工作,包括副主任以下的人员的聘请和培养工作。

②负责为中心的运转提供工作环境及服务。

③负责拟定中心的人事考核标准,并实施。

④按照中心的财务制度,进行经费开支的审定。

⑤负责中心的日常接待工作。

⑥负责为中心的发展筹集经费。

➤副主任(业务)的权责。

①依据管委会对于中心的发展规划,负责进行科研团队的建设和培养。

②依据管委会对于中心的年度工作要求,开展各项科研工作。

③与中兴通讯合作,提供技术方案书及依据方案进行科研开发。

④积极面向各级政府部门及企业申报科研课题。

⑤负责中心平台的运行维护。

附录 F　大庆师范学院——中兴通讯学院卓越人才培养计划方案报告

目录

一、电子信息工程专业定位

（一）电子信息工程专业简介

1. 专业代码：080701
2. 专业名称：电子信息工程（本科）
3. 学制：4 年
4. 学分要求：170 学分

电子信息工程专业是电子信息类的一个重要分支，也是电子信息专业中的一个基础学科。该学科关注的是通信过程中的信息传输和信号处理的原理和应用。本专业主要研究信号的产生，信息的传输、交换和处理，以及计算机通信、数字通信、卫星通信、光纤通信、蜂窝通信、多媒体技术、宽带技术、数字程控交换等方面的理论和工程应用问题。学生毕业后主要从事通信、网络、大规模集成电路、智能仪器及应用电子技术领域的研究，以及设计和通信工程的研究、设计、技术开发、工程安装、设备维护、运营和管理等工作。近年来的毕业生就业方向则集中在运营商、互联网公司、科研院所、设计院、工程公司、监理工程、金融系统、民航、铁路、政府和大专院校。

（二）专业培养目标

本专业培养拥护党的基本路线，以培养适应社会主义市场经济需要，德、智、体、美全面发展的高素质、高技术专业人才为目标。

专业根据产业发展趋势及企业岗位需求，专注于培养学生的如下能力。

1. 职业能力

本专业通过形式多样的职业素质教育活动，让学生了解和认知职业能力在工作中的体现及培养方式，从企业用人的角度，进行职业形象、商务礼仪、时间管理、沟通技巧、团队合作、执行力等方面内容的宣贯和训练，全面提升学生职业素质，培养"准职业人"，为将来的职场发展铺平道路。

2. 专业能力

本专业通过 MIMPS 教学法、工程师自主教学法等独具特色的知识传授形式，使学生在生动活泼的学习氛围中主动积极地学习通信行业前沿的专业知识，从基础原理、系统结构、设备配置等多个维度掌握专业技能，并通过模拟实际工程现场的实训环境或者实训软件反复验证所学内容，达到理论基础和实践技能的完美统一，培养专业能力突出的应用型人才。

3. 创新能力

本专业基于合作专业先进的技术平台和经验丰富的师资队伍,为学生提供开放式的科研创新环境,让学生的学习过程不再拘泥于课本,培养学生自主思考、独立创造和勇于尝试的突破创新意识,为学生自主创业或从事前沿技术的研究工作奠定坚实基础。

凭借学校所培养的优秀的职业能力、专业能力以及创新能力,本专业毕业生能够从事通信网络系统的产品研发、工程交付、项目管理、运营维护、网规网优等工作,也能够适应全球化企业用人需求。

本专业学生经过毕业后 5 年左右的实践工作,能达成下列目标:

(1)具有良好的逻辑思维,能够基于逻辑推理解决通信系统工程问题;

(2)能够使用基本的通信系统仪器仪表与软件。

(3)善于在多角色团队中进行有效沟通并发挥其团队角色的作用;

(4)能够设计通信系统工程解决方案及实际工程的实施与管理;

(5)具有良好的自我学习能力,能够通过继续教育或其它的终身学习途径拓展自己知识的能力;

(6)具有良好的职业素质修养和职业道德,有意愿并有能力服务于社会。

(三)专业培养标准

本专业毕业生应具有的知识和能力如下。

1. 工程知识

学生能够将数学、自然科学、工程基础和专业知识用于解决复杂工程问题。

(1)指标点 1-1:掌握数学、物理等自然科学知识,能用于复杂通信工程问题的信息数字化、计算、求解和应用。

(2)指标点 1-2:掌握电路和信号、电子学、程序设计基础、通信原理等通信基础知识,能用应用于复杂通信工程问题的识别、分析、设计、模拟仿真。

(3)指标点 1-3:掌握计算机网络、数据通信原理、移动通信技术等专业基础知识,能用于通信网络设计与有源等复杂工程问题。

2. 问题分析

学生能够应用数学、自然科学和工程科学的基本原理,识别、表达、并通过文献研究分析复杂工程问题,以获得有效结论。

(1)指标点 2-1:能够应用数学、自然科学知识和基本原理,分析和求解通信专业的工程问题。

(2)指标点 2-2:能够运用电路和通信原理的专业知识,识别和表达通信工程相关的技术要素。

（3）指标点 2－3：能够在分析具体通信问题时有效查阅相关综合文献、网络信息资源，并研究获得有效结论。

3.设计/开发解决方案

学生能够设计针对复杂工程问题的解决方案，设计满足特定需求的系统、单元（部件）或工艺流程，并能够在设计环节中体现创新意识，考虑社会、健康、安全、法律、文化以及环境等因素。

（1）指标点 3－1：能够根据需求应用电路、数据通信、移动通信以及传输技术等专业知识设计和开发针对复杂通信工程问题的解决方案。

（2）指标点 3－2：能够根据设计方案搭建仿真测试环境及网络环境，并运用通信技术实现测试功能。

（3）指标点 3－3：能在通信工程方案设计开发过程中考虑社会、健康、安全、法律、文化以及环境等因素。

4.研究

学生能够基于科学原理并采用科学方法对复杂工程问题进行研究，包括设计实验、分析与解释数据、并通过信息综合得到合理有效的结论。

（1）指标点 4－1：能够应用基本的实验原理和方法设计实验方案，运用运用软件、硬件开发工具模拟或实现通信专业的实验。

（2）指标点 4－2：具备截取、分析数据，并能够整合和总结归纳的能力，能对实验数据合理分析，得出针对通信工程复杂问题解决的有效结论。

5.使用现代工具

学生能够针对复杂工程问题，开发、选择与使用恰当的技术、资源、现代工程工具和信息技术工具，包括对复杂工程问题的预测与模拟，并能够理解其局限性。

（1）指标点 5－1：掌握通信专业设计与仿真中的主流仿真与测试工具的使用方法，并能够应用仿真与测试软件模拟根据具体移动通信工程问题。

（2）指标点 5－2：利用通信设备对实际工程问题进行可行性预测模拟，分析其模拟结果，并与仿真软件模拟结果进行对比分析，理解其局限性。

6.工程与社会

学生能够基于工程相关背景知识进行合理分析，评价专业工程实践和复杂工程问题解决方案对社会、健康、安全、法律以及文化的影响，并理解应承担的责任。

（1）指标点 6－1：能够利用通信工程相关知识，在制定和模拟通信工程问题解决方案时结合工程周边的环境、社会群体、法律、以及环境因素。

（2）指标点 6－2：能够通过具体工程实践案例分析和评价其对社会、健康、安全、法律及文化的影响，理解工程师应承担的责任。

7. 环境和可持续发展

学生能够理解和评价针对复杂工程问题的工程实践对环境、社会可持续发展的影响。

(1)指标点 7 - 1:能够利用适当的通信工程案例教学或专业实践环节理解工程活动与环境可持续发展的关系和责任。

(2)指标点 7 - 2:能通过具体工程案例分析、评价工程对环境和社会可持续发展的影响。

8. 职业规范

学生应具有人文社会科学素养、社会责任感,能够在工程实践中理解并遵守工程职业道德和规范,履行责任。

(1)指标点 8 - 1:具备良好的人文和社会科学知识,具有良好的人文艺术和社会科学素养。

(2)指标点 8 - 2:有正确的世界观、人生观的基本意义及其对个人的影响。理解个人在历史、自然环境、社会团体中的地位。理解中国可持续发展道路及个人的责任。

(3)指标点 8 - 3

能够在工程实践中理解并遵守通信领域职业道德和规范,履行责任。

9. 个人和团队

学生能够在多学科背景下的团队中承担个体、团队成员以及负责人的角色。

(1)指标点 9 - 1:能在分组实验、实践教学或多学科背景的团队中进行有效沟通和协作,能够综合团队成员的意见,进行合理决策。

(2)指标点 9 - 2:能够理解整个团队的目标,有为团队目标而奉献的精神。理解团队中每个角色的职责,能够与团队成员进行有效的沟通交流,在其中做好自己承担的角色。

10. 沟通

学生能够就复杂工程问题与业界同行及社会公众进行有效沟通和交流,包括撰写报告和设计文稿、陈述发言、清晰表达或回应指令。并具备一定的国际视野,能够在跨文化背景下进行沟通和交流。

(1)指标点 10 - 1:能够通过口头和书面方式表达自己的对专业工程问题的观点和主张,能够撰写报告和设计文稿、陈述发言、清晰表达或进行合理反应。

(2)指标点 10 - 2:对计算机领域及其相关行业的当前热点问题,通信行业的国际状况以及热点技术问题有基本了解,能够用外语进行跨文化背景的沟通与交流。

11. 项目管理

学生能理解并掌握工程管理原理与经济决策方法,并能在多学科环境中应用。

(1)指标点 11 - 1:掌握通信工程建设的基本程序,能制定通信工程建设方案,并具备通信工程成本控制以及方案分析、对比和论证的能力。

(2)指标点 11 - 2:掌握项目管理基本原理和方法,具备项目范围管理、进度管理以及质量管理等能力。

12. 终身学习

学生应具有自主学习和终身学习的意识,有不断学习和适应发展的能力。

(1)指标点 12 - 1:能够通过通信工程的专业知识,结合通信技术的发展趋势进行学习。

(2)指标点 12 - 2:能够通过自主学习获得行业认可的技能证书。

毕业要求与培养目标关系见表 F - 1 和表 F - 2。

表 F - 1　毕业要求与培养目标关系矩阵

	目标 1	目标 2	目标 3	目标 4	目标 5	目标 6
1. 工程知识			★★★		★★	
2. 问题分析		★	★★★		★★	
3. 设计/开发解决方案	★		★★★		★★★	
4. 研究			★★		★★★	★
5. 使用现代工具			★★	★★★	★★	
6. 工程与社会	★★	★	★★★		★★	★★★
7. 环境和可持续发展	★★★		★★		★	★★
8. 职业规范	★★★	★	★		★★	★★
9. 个人和团队	★★	★★★	★		★★	★★
10. 沟通	★★	★★★	★	★★★	★★★	★★
11. 项目管理		★★★	★★★		★	★
12. 终身学习	★★		★★	★★★	★★	★

表 F－2 课程与毕业要求的关系矩阵
（表中"★"代表课程与能力强关联，小数代表课程与能力关联比例）

序号	毕业要求及指标点	1. 工程知识			2. 问题分析			3. 设计/开发解决方案			4. 研究		5. 使用现代工具		6. 工程与社会	
		1-1	1-2	1-3	2-1	2-2	2-3	3-1	3-2	3-3	4-1	4-2	5-1	5-2	6-1	6-2
1	思想道德修养与法律基础															
2	马克思主义基本原理概论															
3	中国近现代史纲要															
4	毛泽东思想和中国特色社会主义理论体系概论															
5	＜习近平总书记系列重要讲话＞专题辅导															
6	大学英语															
7	大学体育															
8	创业基础															
9	军事理论															
10	计算机基础												★			
11	高等数学Ⅰ、Ⅱ	0.5			0.4	★										
12	线性代数	0.3				★										
13	大学物理Ⅰ、Ⅱ	0.3			★											
14	概率与数理统计	★			0.3											
15	电路分析		★			★			★				0.1	0.1		
16	职业素质课															
17	C 语言程序设计			★		★			★		★					
18	复变函数与积分变换	0.2				★										

表 F-2（续）

序号	毕业要求及指标点	1.工程知识			2.问题分析			3.设计/开发解决方案			4.研究		5.使用现代工具		6.工程与社会	
		1-1	1-2	1-3	2-1	2-2	2-3	3-1	3-2	3-3	4-1	4-2	5-1	5-2	6-1	6-2
19	模电、数电技术	★					0.2	★	★		★				★	
20	信号与系统	★	0.4				0.2					0.3				
21	单片机原理及应用			★			★					★	0.2			
22	高频电子线路	★						★	0.3		★	0.1		★		
23	通信原理	★				0.3		★			★					
24	电磁场与微波技术	★							★			0.2			0.1	
25	数字信号处理	★							★		★		0.2			
26	面向对象程序设计			★				★					★			
27	现代工程制图	★				0.3		★					0.2		0.1	
28	电气控制与PLC应用	★					0.4									0.3
29	通信技术导论			★					0.3							
30	电子设计自动化	★							★			0.5				
31	数据结构与算法			0.4			0.2					0.3				
32	数据库原理及应用			★		★					★					
33	光传输技术							★					0.2			
34	4G移动通信							★						0.2	★	
35	现代交换技术							★					0.2			
36	IP网络技术							★					0.2		★	
37	VOIP企业信息化							★	0.1				0.2		★	
38	通信工程项目管理														★	
39	信息论与编码										★					
40	综合教育必修课														★	
41	综合教育选修课															

表 F-2（续）

序号	毕业要求及能力指标点 毕业要求及指标点	7.环境和可持续发展		8.职业规范			9.个人和团队		10.沟通		11.项目管理		12.终身学习	
		7-1	7-2	8-1	8-2	8-3	9-1	9-2	10-1	10-2	11-1	11-2	12-1	12-2
1	思想道德修养与法律基础	★		0.6	★									
2	马克思主义基本原理概论	★	0.3											
3	中国近现代史纲要	★	0.3											
4	毛泽东思想和中国特色社会主义理论体系概论	0.4	★											
5	<习近平总书记系列重要讲话>专题辅导	★	0.4											
6	大学英语							0.5			★			
7	大学体育				0.3	★								
8	创业基础	0.3		★										
9	军事理论	★			★									
10	计算机基础												★	
11	高等数学Ⅰ、Ⅱ	0.5			0.4	★								
12	线性代数	0.3				★								
13	大学物理Ⅰ、Ⅱ													
14	概率与数理统计													
15	电路分析	0.3			0.2						0.1	0.3		
16	职业素质课		0.3			0.3		0.3	★					
17	C语言程序设计													
18	复变函数与积分变换													

表 F-2(续)

序号	毕业要求及指标点	7.环境和可持续发展 7-1	7-2	8.职业规范 8-1	8-2	8-3	9.个人和团队 9-1	9-2	10.沟通 10-1	10-2	11.项目管理 11-1	11-2	12.终身学习 12-1	12-2
19	模电、数电技术													
20	信号与系统													
21	单片机原理及应用													
22	高频电子线路													
23	通信原理			★								★		
24	电磁场与微波技术	0.1												
25	数字信号处理													
26	面向对象程序设计													
27	现代工程制图													
28	电气控制与PLC应用													
29	通信技术导论											★		
30	电子设计自动化											★		
31	数据结构与算法													
32	数据库原理及应用													
33	光传输技术	★												
34		★				★								
35	现代交换技术	★				★								
36	IP网络技术		★			★			0.1	★				
37	VOIP企业信息化		★			★			★	0.1				
38	通信工程项目管理	★							★	0.1				
39	信息论与编码								★	0.1				
40	综合教育必修课	★		★			★				★			
41	综合教育选修课			★	★				★	★				

（四）电子信息工程产业链分析

电子信息工程专业从知识、能力、素质三个维度对培养标准做出了要求,即本专业培养目标是能够使毕业生掌握必要的基础知识,满足"宽口径、厚基础"的本科教学培养特点;能够使毕业生具备电子信息工程专业技术应用能力,具备工作岗位中所需要的实践能力和技术技能要求;能够培养适合本地区域发展、服务本地经济并具有组织管理、社会服务等综合能力的复合型人才。此外,还能够培养学生具备创新精神、沟通表达、团队协作及抗压适应等的基本职业素养和基本素质。

应用型本科转型要求毕业生具有良好的出口,继续深造、创业,或者能够高质量的就业。本科培养标准的设置也需要与社会、企业对人才的需要对接,满足当地区域发展的用人需求。企业对人才的需求是多层次和多方面的,本科培养需要覆盖全产业链用人的需要,满足各类岗位需求,包括研发、市场、工程和管理等工作岗位类型。要求毕业生具备这些岗位需要的基本知识、专业能力及基本素质,能够在工作中快速学习、快速成长、快速适应工作岗位。具体能力与岗位关系如图 F–1 所示。

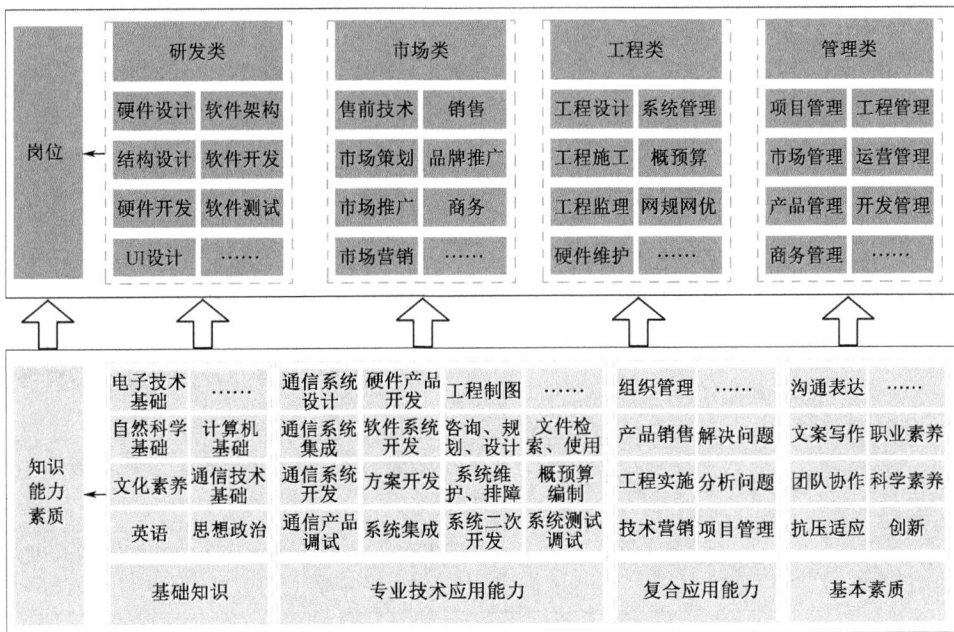

图 F–1　电子信息专业知识能力素质与岗位关系图

电子信息工程典型岗位如表 F–3 所示。

表 F－3　电子信息工程典型岗位介绍

岗位类别	职位名称	岗位职责
产品研发	设备硬件开发工程师	根据需求分析,进行硬件设备的设计、开发、制版、集成等工作
	设备硬件测试工程师	制定测试计划,熟练使用各种测试工具对硬件进行功能、指标、一致性、可靠性、容限、容错等方面的测试,对测试问题进行确认、定位,输出测试报告
	数据库设计工程师	设计并优化数据库物理建设方案,制定数据库备份和恢复策略及工作规范,针对数据库应用系统出现的问题,提出解决方案
	设备软件开发工程师	根据客户需求和市场反馈,熟练使用开发语言进行设备功能的分析、设计及开发工作
	设备软件测试工程师	基于软件的功能需求,对设备软件的正确性、稳定性、适配性、容错性进行检测,并输出测试报告
	业务软件开发工程师	根据市场需求,对实现特定功能的软件产品进行设计与开发
	业务软件测试工程师	基于软件的功能需求,对业务软件的正确性、稳定性、适配性、容错性进行检测,并输出测试报告
	服务产品开发工程师	分析市场形势,基于客户需求,进行服务产品的设计与开发工作
产品销售	市场产品经理	进行设备、软件与服务等产品的推广和销售工作
	售前技术支持工程师	在市场和商务活动中,提供技术方案,招投标支持等
工程交付	设备软调工程师	在工程实施中,负责各种设备的软件安装、功能调测等
	系统集成工程师	在工程实施中,负责多种产品的互联互通,功能调试、业务测试
	服务产品交付工程师	根据用户需求,对用户已采购的服务产品进行交付

表 F－3(续)

岗位类别	职位名称	岗位职责
项目管理	项目经理	负责工程项目总体的进度管理、成本管理、质量管理,人力资源管理,负责项目实施过程中的协调工作
	工程经理	负责整个或某个区域工程项目的具体工作监督与落实,客户协调,施工方管理等工作
	质量经理	负责工程项目质量控制工作的落地,对项目实施各阶段的质量进行监督与管理
网络维护	运营商网管中心网络监控工程师	监控整网运行状态,负责告警监测、性能统计数据分析等工作
	运营商网维中心网络维护工程师	负责网络故障的分析和处理,在问题升级后,为后续故障处理工作提供必要的配合
	设备商故障处理现场工程师	负责客户问题升级后的现场故障分析与处理
	设备商故障处理远程支持工程师	根据合同规定,对客户提供远程技术支持,或为现场工程师提供技术保障
网络规划与优化	网络规划设计工程师	根据客户规划和需求,对新建网络进行合理规划和设计,实现客户投资收益最大化
	网络优化工程师	负责新建网络或者新入网设备的优化工作,同时根据最终用户反馈结果进行日常优化
海外项目支持	海外项目售前工程师	负责海外项目洽谈阶段的方案设计、产品展示、招投标支持等
	海外项目售后工程师	负责海外项目交付阶段的网络交付、维护等工作

二、电子信息工程专业特色

(一)专业特色

1. 服务型专业的构建与完善

通过校企合作,校企双方共同打造服务型专业,以专业办学与区域行业发展的紧密对接,推动专业在人才培养、专业教学、素质教育、人力资源服务等各方面的服务型转型,最终实现深度的产教融合。

2. 教育教学模式的改革

中兴通讯以市场广泛商用的硬件设备、行业领先的信息化教学平台为基础,为高校构建集行业体验、岗位技能实践和工程项目演练为一体的实训环境,通过以行业市场需求为导向,以能力培养为中心的课程体系,结合项目式教学方法,完成专业课教学优质、高效的目标,帮助高校推进教学与实训模式的改革,最终实现应用型技术人才的培养。

3. 以职业管理促进高质量就业

本专业通过引导学生进行职业规划,依托科学设计的职业素质课程体系,为学生创造类似在企业中学习与发展的氛围。配合专业的人才评估体系和具有针对性的岗位技能实训,并通过开展全面、有效的职业管理活动,将企业文化与相关岗位对职业素养需求传递给学校,与校园文化相结合,提高学校素质教育的针对性和实效性,提升学生职业能力与职业素养,以人才培养的实际成效实现高质量就业。

4. 提升应用研发能力

中兴通讯将响应市场需求的企业研发项目引入学校,专家团队则从需求分析、项目规划、产品开发、研发支持等方面提供规范、专业、高效的服务,与校方师资合作进行科研创新,并完成科研结果的行业推广与商业应用,以从整体上提升合作院校参与行业科研的能力,推动应用科研反哺专业建设为目标。

(二)创新创业特色

创新创业特色如图 F-2 所示。

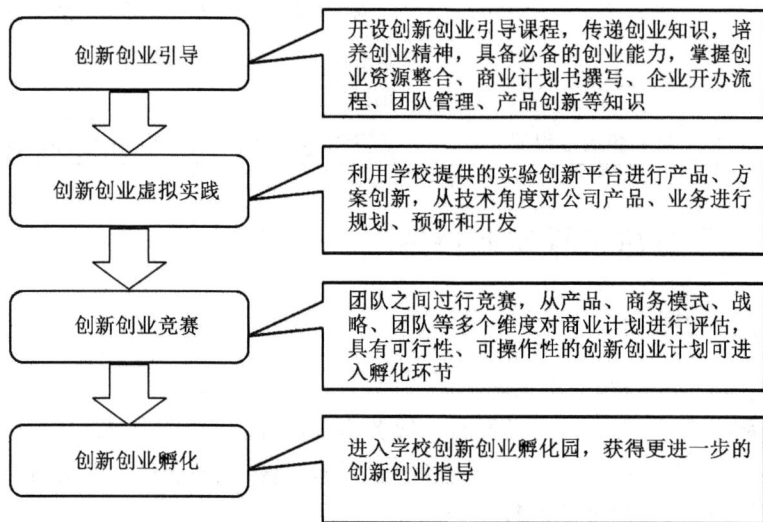

图 F-2 创新创业特色图

三、课程体系与教学计划

(一) 专业课程体系

根据应用型本科人才的本质特征,本专业结合电子信息工程专业的自身特点、社会需求和学科发展的需要,构建了基于技术技能本位的应用型本科课程体系,电子信息工程专业知识结构及相关技能课程关系如图 F-3 所示。在电子信息工程专业的数理及人文思政等通识课程和计算机知识课程、电路与电子学知识课程、网络与通信知识这一基础上,我们构建了专业基础知识主线,结合工作过程由具体课程对知识原理、工程设计、配置调试、应用科研专业知识与应用主线的每个环节进行支撑。专业知识主线符合通信运营商业务运营现状,满足移动和固网融合、全程全网的专业知识要求。

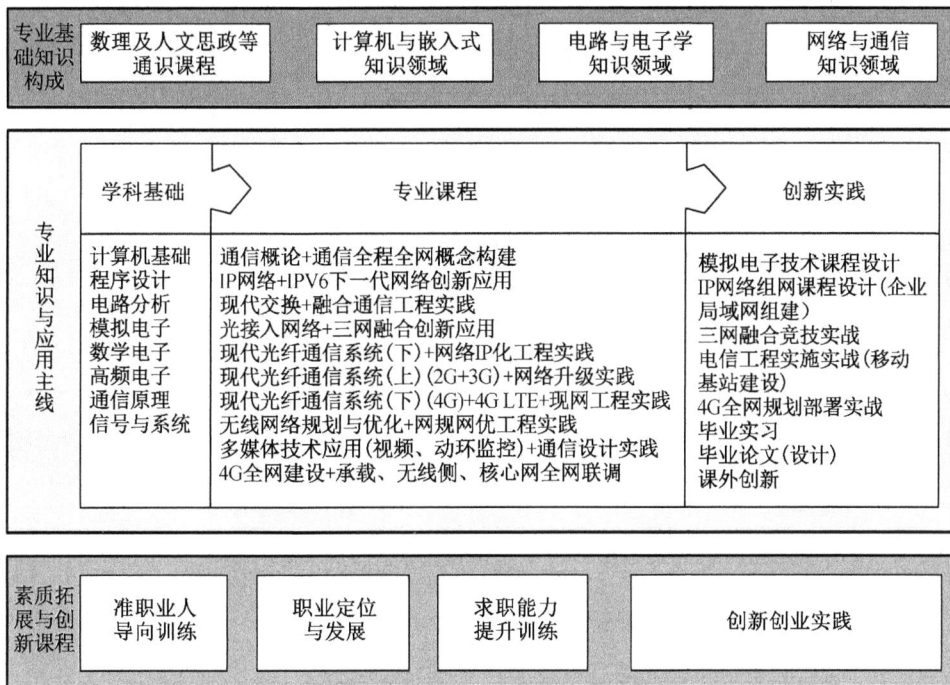

专业基础知识构成	数理及人文思政等通识课程	计算机与嵌入式知识领域	电路与电子学知识领域	网络与通信知识领域

专业知识与应用主线	学科基础	专业课程	创新实践
	计算机基础 程序设计 电路分析 模拟电子 数字电子 高频电子 通信原理 信号与系统	通信概论+通信全程全网概念构建 IP网络+IPV6下一代网络创新应用 现代交换+融合通信工程实践 光接入网络+三网融合创新应用 现代光纤通信系统(下)+网络IP化工程实践 现代光纤通信系统(上)(2G+3G)+网络升级实践 现代光纤通信系统(下)(4G)+4G LTE+现网工程实践 无线网络规划与优化+网规网优工程实践 多媒体技术应用(视频、动环监控)+通信设计实践 4G全网建设+承载、无线侧、核心网全网联调	模拟电子技术课程设计 IP网络组网课程设计(企业局域网组建) 三网融合竞技实战 电信工程实施实战(移动基站建设) 4G全网规划部署实战 毕业实习 毕业论文(设计) 课外创新

素质拓展与创新课程	准职业人导向训练	职业定位与发展	求职能力提升训练	创新创业实践

图 F-3 专业知识应用主线图

（二）专业核心课程设置

本专业基于对就业岗位的调查和分析，同时结合自身的资源和优势，总结出了一套能够对专业教学进行有力支撑，并且适应市场需求和学生长期发展需要的核心课程。

课程核心结构见图 F - 4 和表 F - 4。

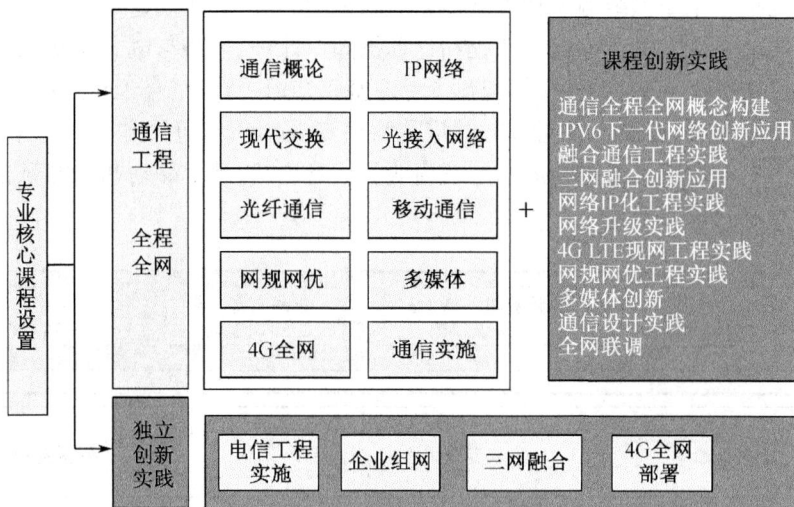

图 F - 4　电子信息工程核心课程结构

表 F - 4　课程体系对应网络实训平台

序号	专业课程	通信实验平台
一、通信基础课程		
1	通信概论	各类通信实验平台
2	通信工程（制图、实施、预算）+ 通信设计实践	各类通信实验平台
二、通信专业课程		
1	现代交换 + 融合通信工程实践	程控交换仿真系统、融合通信平台
2	IP 网络 + IPV6 下一代网络创新应用	数据通信实验平台
3	现代光纤通信系统 + 网络 IP 化工程实践	SDH 光网络传输实验系统 PTN 分组光网络传输实验系统

表 F-4(续)

序号	专业课程	通信实验平台
4	现代移动通信系统(上)(2G+3G)+网络升级实践	GSM、CDMA/WCDMA/TD 仿真实验系统
5	光接入网络+三网融合创新应用	XPON 光接入网络实验系统
6	现代移动通信系统(下)(4G)+4G LTE现网工程实践	4G LTE 移动通信实验系统
7	4G 全网建设+承载、无线侧、核心网全网联调	4G 全网在线仿真竞技系统
8	无线网络规划与优化 +网规网优工程实践	移动通信网络优化实验系统
9	多媒体技术应用(视频、动环监控)+多媒体创新	视频会议、视频监控、动环监控实验系统

三、实训课程

1	电信工程实施	电信工程实验平台
2	企业组网综合实验	数据通信实验平台
3	三网融合综合实验	三网融合在线仿真竞技系统 或 XPON 光接入网络实验系统
4	4G 全网建设综合实验	4G 全网在线仿真竞技系统

1.通信概论

(1)课程目标

通过本专业核心课程的学习,不仅能让学生学到关于通信网全网的基本概念,而且还培养了学生对于通信行业专业技能的学习兴趣、学习方法,让学生在以后的工作中,具备良好的职业素养、严谨的工作态度以及团队协作能力、沟通能力。

(2)课程内容

让学生了解通信网络全网的基本概念、网络基本框架,了解通信网关键技术及应用,了解通信行业岗位需求。课程主要内容包括通信网基本概念、现代交换网络、移动通信系统、IP 数据通信技术与计算机互联网、光传输系统、光接入系统和互联网应用。

2. 通信工程(制图、实施、预算)+通信设计实践

(1)课程目标

通过这门课程的学习,学生可掌握通信工程设计方面的工程制图和概预算编制两项关键技能。学生能够根据通信工程设计需求、网络架构和要求完成通信工程图纸设计、绘制,能够根据国家法律法规及行业标准规范准确地编写出每项通信工程的概预算文件,并能顺利通过通信工程概预算资格证考试,成为各类通信建设公司、通信监理公司及通信设计单位等需要的合格人才。

(2)课程内容

这一部分课程主要包括通信设计常用绘图工具 AutoCAD 的使用,绘图标准及规范和概预算编制等内容。详细介绍了通信工程概预算编制相关的项目管理、概预算、定额、工程量计算和统计等方面的相关概念,以及常见类型通信建设工程施工工程量的计算和统计、定额查询和套用、通信工程概预算表格的编制、通信工程概预算软件的使用等概预算编制相关的基本方法和技能。

3. 现代交换+融合通信工程实践

(1)课程目标

通过本课程的学习,学生能基本了解现代交换系统的工作原理和应用,重点掌握现代交换网络的基本构架、硬件结构与相关参数,话音呼叫的基本流程,中继原理及七号信令结构与数据配置等内容,可以完成交换网络的搭建与设备配置,熟悉局内及局间业务的开通方法,具备一定的业务故障分析定位与处理能力。

(2)课程内容

本课程主要介绍程控交换和软交换的基本原理和机制,内容包括交换技术概述、数字交换和数字交换网络、程控交换机的硬件系统、程控交换机的软件系统、移动交换系统、ATM 交换技术、MPLS 交换技术、MPLS 技术的工程应用和交换新技术。

4. IP 网络+IPV6 下一代网络创新应用

(1)课程目标

本课程是一门实践性与应用性都比较强的课程,学生需要通过实践来深入理解数据通信网络的基础概念、理论原理、系统设备和技术应用。通过本课程的学习,学生可以基本掌握数据通信设备的原理与配置,并能够独立完成简单网络的组网与维护,具备参与大型网络设计与实施的基本技能,为学生掌握移动通信整网端到端业务的调试与开通奠定坚实基础。

(2)课程内容

本课程主要介绍数据通信网络的发展历程、常用的网络协议、IP 地址规划、常见网络接口与线缆的使用等基础概念和理论,帮助学生掌握以太网交换机基本原理、作用、相关配置及新型 VLAN 技术的应用,了解路由器基本操作、常用动态路由

协议原理及相关配置和应用,熟悉防火墙的访问控制列表、安全策略等知识。

5.现代光纤通信系统 + 网络 IP 化工程实践

(1)课程目标

通过本课程的学习,可以掌握现代光纤通信系统相关知识(SDH,PTN)和实践能力。

(2)课程内容

本课程主要介绍光传输网络的基本原理、基本构架、硬件结构与相关参数,光传输网络的工作流程及故障定位,光传输相关业务的开通与技巧,光传输网络通道保护、复用段保护的工作原理与配置方法等内容,还展望了光传输技术未来发展趋势,介绍了 MPLS 和 PWE3 技术原理与应用。此外,本课程全面介绍了 PTN 分组传送网技术的基本原理及其应用。

6.光接入网络 + 三网融合创新应用

(1)课程目标

通过本课程的学习,学生能够了解宽带接入技术的发展趋势及其应用特点,可以掌握 PON 技术的原理和系统结构,能够独立完成 OLT 及 ONU 设备的安装与调试,对 VOIP、视讯等基于宽带接入技术的业务具备一定的调试和部署能力。

(2)课程内容

本课程主要介绍 ADSL 及 PON 等主流宽带接入技术的分类和基本原理,包括接入网 OLT 系统结构与组成、ONU 的逻辑结构应用与基本操作、VOIP 及视讯的基本概念与原理等内容。

7.现代移动通信系统(4G) + 4G LTE 现网工程实践

(1)课程目标

通过学习本课程,学生可以掌握 LTE 4G 移动通信设备的工作机制与组网方式,LTE 4G 移动通信业务的开通,常见故障的处理流程与分析方法等技能。让学生能够胜任 LTE 4G 移动通信网络的规划、调试与维护等工作岗位。

(2)课程内容

本课程主要介绍了 LTE 4G 移动通信的基本原理、关键技术与组网,LTE 4G 网络设备的组成与工作机制,LTE 4G 移动通信相关业务的开通与技巧,以及常见故障的定位与处理的思路与分析方法等内容。此外,也介绍 LTE 4G 技术的典型应用及发展方向。

8.4G 全网建设 + 承载、无线侧、核心网全网联调

(1)课程目标

通过学习本课程,学生可以学习到 4G 全网从规划、设备安装、数据配置和调测整个建设过程相关的理论知识和实战技能。

（2）课程内容

本课程内容覆盖了 4G 全网技术,4G 的网络架构分为承载网和无线网络两部分,其中无线网络包括无线侧网络和核心网两部分。主要内容包括承载网网络规划与设计、承载网开通调测、承载网故障排查;无线容量规划、无线开通调试、核心网网络规划、核心网开通调试、无线网络故障排查等。课程本着深入浅出的原则,紧紧围绕 4G 网络层次和工程应用流程进行阐述,在原理介绍的基础上采用在线仿真软件进行项目案例分析,轻理论推导,重实际应用。全网课程案例见图 F－5。

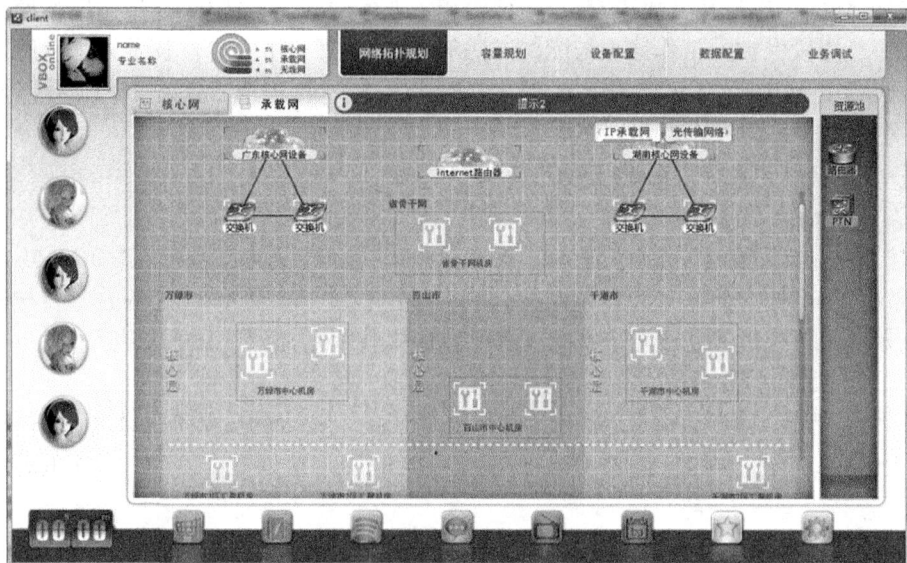

图 F－5　4G 全网课程案例

9. 无线网络规划与优化 ＋网规网优工程实践

（1）课程目标

通过学习,学生可以掌握移动通信网络容量、资源和站点规划,了解对现有网络进行优化的方式方法,熟悉各种测试仪器的使用,能完成路测、前台数据分析、后台数据分析,具备移动通信网络规划和网络优化能力。

（2）课程内容

课程全面深入地介绍了移动通信网络规划和网络优化技术,具体包括网络规划的原理、方法、流程,覆盖规划、容量规划、频率规划、天馈系统与天线选型;网络优化原理、步骤和方法,以及覆盖优化、容量优化、干扰优化、无线资源管理优化和移动性管理优化等专题优化;还包括接入专题、功率控制专题、软切换专题、掉话专题、站点勘察等内容。

图 F – 6 为无线规划优化软件。

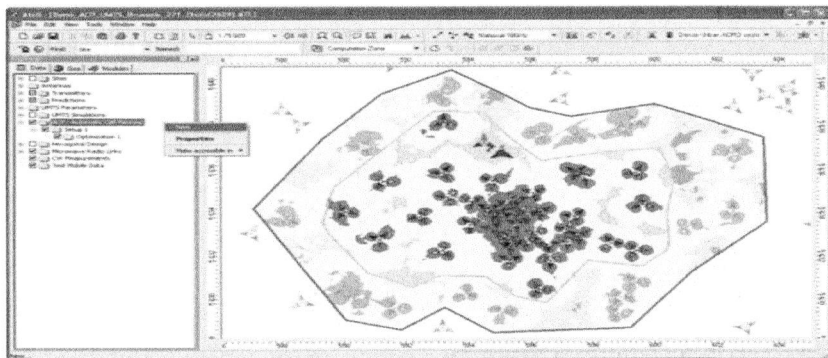

图 F – 6　无线规划优化软件

10. 电信工程实施

（1）课程目标

通过学习本课程，学生可以了解通信工程建设的流程和标准，掌握工程勘察与设计的方法，设备硬件安装和调试的规范与方法，工程现场综合布线，室外工程的防雷接地等技能，具备良好的通信工程实施能力。

（2）课程内容

课程主要介绍通信工程建设特点及规范，通信工程项目部的组建原则，通信工程建设流程，站点设计与概预算，防雷接地工程设计与实施，设备安装的基本规范与技能，工程项目验收的标准与管理等内容。

图 F – 7 为网络设备机房。

图 F – 7　网络设备机房

参 考 文 献

[1] 张兄武,许庆豫.关于地方本科院校转型发展的思考[J].中国高教研究,2014
   (10):93 - 97.
[2] 刘振天.地方本科院校转型发展与高等教育认识论及方法论诉求[J].中国高
   教研究,2014(06):11 - 17.
[3] 秦红.地方本科院校培养应用型创新人才的实践与思考[J].高等工程教育研
   究,2016(02):91 - 94.
[4] 黄建雄.地方本科院校教师队伍结构优化问题研究[D].武汉:华中师范大
   学,2012.
[5] 齐平,朱家康.应用型本科院校人才培养目标调整及其实现之策略[J].高教论
   坛,2010(6):51 - 69.
[6] 罗云.关于学科、专业与课程三大基本建设关系的思考[J].现代教育科学,
   2004(3):32 - 34.
[7] 唐纪良.学科 - 专业一体化建设:动因与路径[J].广西大学学报:哲学社会科
   学版,2008(3):125 - 129.
[8] 张笑涛,张铁牛.学科、专业、课程辨析[J].中国电子教育,2008(1):20 - 21.
[9] 刘海燕,曾晓虹.学科与专业,学科建设与专业建设关系辨析[J].高等教育研
   究学报,2007(4):29 - 31.
[10] 李雪,李菁华.产学研联合的深化:产业技术创新战略联盟研究[J].科学管理
   研究,2008(1):45 - 48.
[11] 李炳安.产学研合作的英国教学公司模式及其借鉴[J].高等工程教育研究,
   2012(1):58 - 63.
[12] 左健民.产学研合作与高校创新型人才培养[J].教育发展研究,2013(01):76 - 80.
[13] 方小斌.美国社区学院的办学理念及其对我国高等职业教育的启示[J].教育
   与职业,2008(3):17 - 18.
[14] 吴雅娜,周昭安.中德应用型本科人才培养模式比较[J].继续教育研究,2016
   (03):103 - 106.
[15] 陈解放.应用型人才培养的国际经验借鉴[J].北京联合大学学报:自然科学
   版,2005,19(2):30 - 34.

[16] 潘懋元,董立平.关于高等学校分类、定位、特色发展的探讨[J].教育研究,
     2009(2):33－38.

[17] 张健明.应用型本科院校人才培养模式的探索与实践[J].中南民族大学学报
     人文社会科学版,2005(5):282－284.

[18] 王志华,贝绍轶,董存田.我国产业结构与高校专业结构协调性分析[J],经济
     问题,2014(10):14－20.

[19] 于友成.校企合作育人共同体的构建[J].中国高教研究,2015(2):42－44.

[20] 黄大勇,房朝君,程文莉.高校专业设置与产业结构调整的关联性研究[J].重
     庆工商大学学报:社会科学版,2011(2):144－147.

[21] 王立良,郭银,李战国.中国高校学科专业结构与产业结构的关系浅析[J].经
     济师,2011(5):121－124.

[22] 陈武元,洪真裁.关于中国高校分类与定位问题的思考[J].现代大学教育,
     2007(2):56－59.

[23] 段红红,徐权.应用型本科院校学科、专业与课程一体化模式的构建[J].黑龙
     江高教研究,2012(9):168－170.

[24] 徐权,段红红.技术应用型人才培养开放式一体化教学模式的构建[J].黑龙
     江高教研究,2013(3):163－166.

[25] 徐权.地方应用型本科院校产学研合作教育模式探究[J].大庆师范学院学
     报,2014(6):102－105.

[26] 徐权.深入推进应用技术大学建设视域下二级学院转型发展思考与实践[J].
     大庆师范学院学报,2015(6):92－95.

[27] 高玉凯,刘开绪,刘永皓.地方本科院校转型发展途径探索[J].大庆师范学院
     学报,2015(6):99－102.

[28] 成宝芝,高玉芝.地方本科院校转型发展中的创新人才培养模式研究[J].大
     庆师范学院学报,2015(6):103－104.

[29] 徐权,王玉玲,刘永皓,等.应用技术型大学视野下的人才培养模式研究[J].
     教育现代化,2016(10):1－7.

[30] 赵庆年,祁晓.我国普通本科高校定位的问题、成因及对策[J].现代教育论
     丛,2016(02):25－32.

[31] 孙静,王旭东.地方本科高校要科学定位分类转型[J].中国高等教育,2016
     (06):51－52.

[32] 赵庆年,宋永芳.高校定位影响因素分析——基于管理者的视角[J].黑龙江
     高教研究,2015(04):19－22.

[33] 穆厚琴.地方本科高校办学定位转型的理性思考[J].黑龙江高教研究,2016

(05):42-45.

[34] 王玉玲,刘永皓,曹丰慧.地方性本科院校转型发展中应用型人才培养的模式研究[J].大庆师范学院学报,2016(03):100-101.

[35] 张学洪.地方性理工类院校本科人才培养体系探析[J].中国高教研究,2012(08):71.

[36] 谢强,李婷.构建一般本科院校评估体系的路径选择——立足于高校的内部视角[J].长沙铁道学院学报(社会科学版),2010(02):215-216.

[37] 张国生.多维立体教材建设研究与实践[J].黑龙江教育(高教研究与评估),2016(02):26-28.

[38] 赵婕.地方高校教材建设与管理的问题与对策[J].科技视界,2016(02):144-153.

[39] 林迎春.地方本科院校应用型人才培养的着力点研究[J].现代经济信息,2016(21):429.

[40] 陈威兵,冯璐,张刚林.地方院校通信工程专业本科人才培养方案研究[J].教书育人(高教论坛),2014(09):34-35.

[41] 杜才平.地方本科院校人才培养目标定位及实现路径[J].教育探索,2011(10):25-26.

[42] 赵大兴,孙国栋,王璜.地方本科院校校企联合培养工程应用型人才模式探讨[J].教育教学论坛,2016(29):170-171.

[43] 周琬謦.地方综合性本科院校教学的普遍性问题及改革[J].大理大学学报,2016(03):84-88.

[44] 贺建权,袁华斌,尹琪.地方本科院校实践教学质量保障体系研究[J].高教学刊,2016(09):44-45.

[45] 周为民,王玉林.大实践视野下地方本科院校实践教学管理模式及运行机制的重构[J].中国科技信息,2012(09):215-216.

[46] 严云洋.地方应用型本科院校二级学院学科建设的探索与实践[J].大学教育,2015(03):136-138,162.

[47] 张小芳.本科院校学科专业一体化建设思路[J].高教发展与评估,2016(02):58-64,100-101.

[48] 陈友华.关于地方本科院校转型发展的思考[J].学习与实践,2015(07):106-111.

[49] 王继国,李艳,贺文瑾.地方本科院校转型发展"是什么"及"为什么"[J].职教坛,2015(01):15-20.

[50] 刘在洲.地方本科院校转型发展的背景与思路[J].中国高等教育,2014(20):50-53.

[51] 郭梦蝶.新建地方本科院校转型发展中的师资队伍建设问题研究[D].开封:

河南大学,2015.

[52] 寇尚乾.转型发展背景下新建地方本科院校发展规划存在的问题及对策[J].
教育与职业,2016(03):25-27.

[53] 汪明义.对地方本科院校转型发展的思考[J].中国高等教育,2014(08):8-
10,36.

[54] 李佳.以企业为主导的产学研合作模式研究[D].武汉:武汉科技大学,2010.

[55] 马宁.企业主导型产学研合作中科技资源配置模式研究[J].研究与发展管
理,2006(05):89-93

[56] 马宁,王立.企业主导型产学研合作创新模式分析[J].科学学研究,2005
(S1):244-248.

[57] 段丽华.国外应用型大学产学研合作教育的驱动机制——以伯顿·克拉克的
"三角协调模型"为分析框架[J].高教发展与评估,2016(03):82-90,105.

[58] 王其红."五位一体"产学研合作教育模式研究[J].中国高校科技,2016
(04):72-73.

[59] 朱来斌.地方本科高校转型视阈下"双师双能型"师资队伍构建路径探析
[J].学术探索,2016(12):149-152.

[60] 谢军.地方本科高校转型发展背景下的"双师双能型"教师队伍建设探析
[J].当代教育实践与教学研究,2016(09):125-126.

[61] 秦捷.地方本科高校双师双能型教师队伍建设问题研究[J].创新与创业教
育,2016(02):135-137.

[62] 陈裕先,谢禾生,宋乃庆.走产教融合之路培养应用型人才[J].中国高等教
育,2015(Z2):41-43.

[63] 陈曦.福建省地方本科院校应用型人才培养模式探析[J].长春工业大学学
报:高教研究版,2012(03):43-45.

[64] 龙飞.德国应用技术大学(FH)对我国新建本科高校转型的启示[D].重庆:
西南大学,2015.

[65] 张应强,蒋华林.关于地方本科高校转型发展若干问题的思考[J].现代大学
教育,2014(06):1-8,112.

[66] 陈锋.关于部分普通本科高校转型发展的若干问题思考[J].中国高等教育,
2014(12):16-20.

[67] 赵亚平,崔玮.学科建设与专业建设相结合的思路及对策研究——基于应用
型本科院校师资队伍建设视角[J].研究与发展管理,2011(04):119-122.

[68] 洪硕.澳大利亚高校新教师发展研究[D].上海:上海师范大学,2016.

[69] 孔令帅,赵芸.美国高校新教师发展的问题与策略[J].外国教育研究,2016

（05）:28－41.

[70] 吴庆华.地方高校青年教师发展研究［D］.武汉:华中科技大学,2013.

[71] 李欣,严文蕃,谢新水.美国高校教师专业发展培训的"协统时代":多重释义与实践策略［J］.教师教育研究,2013（01）:81－85,96.

[72] 郭丽君,吴庆华.浅析美国高校新教师发展［J］.高等教育研究,2012（07）:69－73.

[73] 张红,苗润莲,蔚晓川.英国官产学研合作模式及其借鉴作用初探［J］.情报工程,2015（01）:49－56.

[74] 刘力.产学研合作的沃里克模式和教学公司模式——英国的经验［J］.外国教育研究,2005（10）:39－43.

[75] 杨岸,张群慧.应用型高校电子信息工程专业五过程校企合作人才培养模式的研究与实践［J］.高教学刊,2016（20）:76－77,79.

[76] 张莹.中美两国校企合作人才培养模式的比较研究［D］.广州:广东技术师范学院,2016.

[77] 蔺丽芳,吴会胜."嵌入式"校企合作人才培养模式探析［J］.教育教学论坛,2016（10）:35－36.